JN205772

だれでも年収1000万

はじめてのお掃除起業

おそうじ革命／株式会社 KIREI produce 代表取締役
福井智明

自由国民社

はじめに

「お前んち、お化け屋敷みたいじゃないか！」

同級生から言われた少年時代――。

私はあの頃のことを決して忘れません。

お恥ずかしい話なのですが、私の生まれ育った家はとても貧乏な家庭でした。

貧しい生活が何年か続いたある日のこと、私の家族はやっとのことで〝あばら家〟から離れることができました。

両親の血のにじむような努力によって、家族全員で、新築のキレイなマンションに引っ越すことができたのです。

引っ越し当日、新居に足を踏み入れた私は、思わず泣き崩れました。

「今日から、こんなにキレイな家に住めるのか……」

その後、私は20歳で上京するまで一日も「掃除」を欠かしませんでした。
きれいな家が汚れていくのを見るのは絶対に許せない――。
それが、私が掃除を続けた理由でした。

20歳の時、3万円をポケットに入れて上京、しばらく池袋の公園で野宿をしながら職を探しました。
就職した会社では、僕が掃除をしただけでとても驚かれました。

「なんだこれは？　そこら中がピカピカじゃないか！」

上司も同僚も、私が掃除するたびに、いつも驚きました。
自分の天職は「掃除かもしれない……」

そう思ったのは、この時でした。

その後も掃除を行うごとに、たくさんの人に感謝されました。

「掃除を通じて人を幸せにしたい！」

という思いが膨れあがっていきました。

現在、私は株式会社ＫＩＲＥＩ Ｐｒｏｄｕｃｅという会社を経営し、『おそうじ革命』という屋号で、加盟店・直営店合計２００店舗のプロデュースをしています。

会社では、ハウスクリーニング事業、空室クリーニング事業、エアコンクリーニング事業、店舗クリーニング事業、ビルメンテナンス事業、コーティング事業、リフォーム事業とたくさんの事業を展開しています。

おかげ様で、現在の年商は５億円。

７年で１４００％の成長、売上昨対比１８６％アップを実現しています。

弊社の活動は、テレビやラジオ、新聞など多くのメディアで取材していただきました。

私の原点は、幼少時代のあの「あばら家」にあります。

あばら家から新築マンションに引っ越したお陰で、掃除の習慣が身に付き、掃除が特技になり「掃除ビジネス」をスタートさせたからです。


まさに、**掃除を通じて人生が180度変わりました。**

あたらしい働き方——お掃除起業

世の中では「働き方改革」が叫ばれています。

プライベートも充実した、自分らしい働き方を探す人が増えてきました。

多くの人に感謝され、豊かにお金を稼ぎ、ゆとりのある時間を確保し、やりがいを感じながら、幸せな人生を送る——。

そんな仕事をしてみたいと思いませんか？


「そんな都合のいい仕事があるわけない」

という声が聞こえてきそうですが、**「掃除ビジネス」ならすべての望みが叶う**と私は確信しています。

お掃除ビジネスは、たとえばこんな方にお勧めです。

- **プライベートの時間を大切にしたい方。**
- **誰かの喜ぶ顔を見たい方。**
- **仕事に感動を求めている方。**
- **人生の再出発をしたい方。**
- **人と触れ合うのが好きな方。**
- **体を動かす健康的な仕事がしたい方。**
- **脱サラして、起業のチャンスを狙っている方。**
- **定年退職後の仕事を探している方。**

いかがでしょう？

当てはまる項目がありましたか？

もし1つでも当てはまる項目があれば、あなたはお掃除ビジネスに向いている人です。
さらに、お掃除ビジネスなら、収入も自分で決めることができます。

・土日や休日に副業をして年間300万円くらい稼ぎたい方。
・ガッツリ年間500万〜1000万円稼ぎたい方。

お掃除ビジネスは今後20年間、発展し続ける

どうしてお掃除ビジネスは、そんなに安定した収入が得られるのでしょうか？
その理由は、次の通りです。

・汚れは絶対なくならない！　人間生活と汚れはセットで存在するから。
・超高齢社会の到来で、掃除の依頼者は急増し市場が拡大傾向にあるから。
・女性の社会進出の結果、家事ができなくなるから。
・晩婚化、生涯独身者の増加によって、掃除代行ニーズが増加するから。

・熟年離婚の増加、ひとり暮らしのおじいちゃん、おばあちゃんが増えるから。
・今後ますます雑事をプロに任せる時代になってゆくから。
・お掃除ビジネスは技術力さえ身に付ければリピーターが増え続けるから。

本書では、年々拡大傾向にあるお掃除ビジネスの始め方、稼ぎ方について、初心者のあなたにもわかりやすく解説してあります。

しかも、得られるものはお金だけではありません。

お掃除ビジネスに携わる人は、日々達成感を感じ、感謝されながら、いきいきと過ごしています。

感謝され、達成感を得ながら、豊かに稼ぎ、プライベートも充実する、

「あたらしい働き方――お掃除起業」

の方法を本書から学び取っていただけたら幸いです。

目次

2章 「お掃除起業」ならあなたも年収１０００万円稼げる　51

3章 あの部長は「ブラック企業」を辞めて「ピカピカ起業」で成功した　87

4章 脱サラして成功する人、失敗する人 117

5章 お客さん集めからリピーター作りまで教えます　163

9章

お掃除起業であなたの人生が180度好転する　309

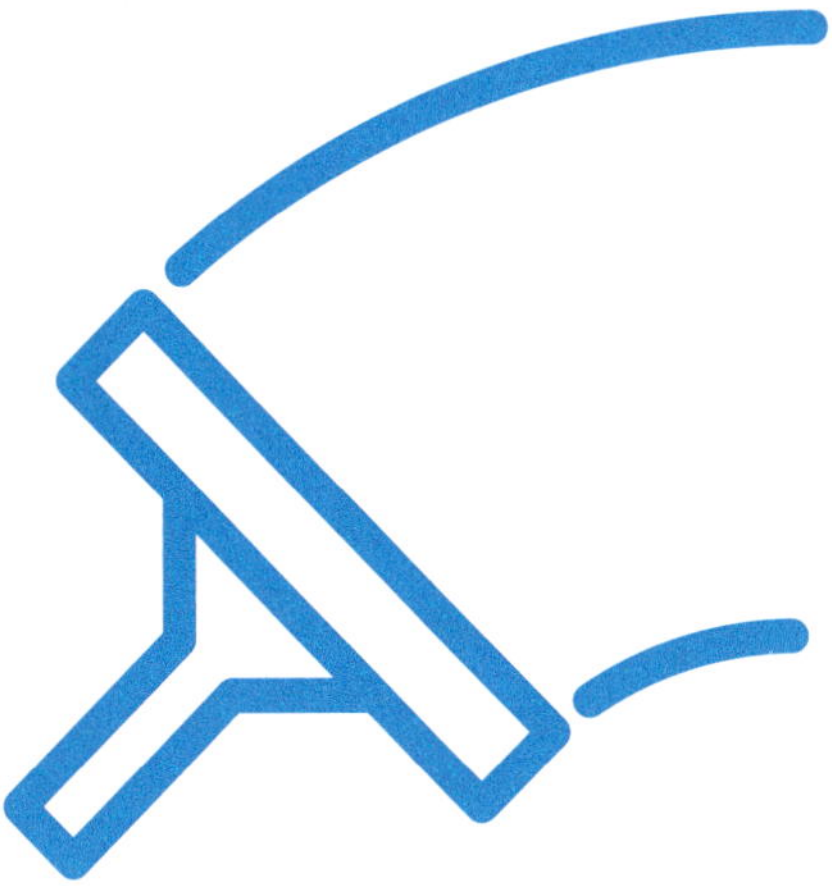

１章
ＡＩ時代にも生き残るビジネス

拡大するお掃除市場

汚れは絶対なくならない！　掃除ビジネスの巨大市場

現在、お掃除ビジネスの市場規模は、売上高にして1兆円近くあると言われています。

えっ！　お掃除市場がそんなにあるの？

そう思われる方もいるかもしれませんが、お掃除ビジネス市場は一度も下降することなく、何十年にもわたりジワジワと売上が上昇し続けています。

ハウスクリーニングだけでなく店舗、オフィス、施設、賃貸分譲物件清掃含めると、2021年には数兆円に達するという予測も出ているなど、今最も注目されている売り手市場です。

いったいなぜ、お掃除ビジネス市場の売上は伸びているのでしょうか。その理由は大きく分けて4つあります。

①超高齢社会の加速
②女性の社会進出
③晩婚化

④共働き世帯の増加

後ほど詳しくお伝えしますが、ここでは少しだけ触れたいと思います。

①超高齢社会の加速

総務省によると、2025年には日本人口の3分の1は高齢者になります。高齢になれば、体力の衰えを感じたり、病気や怪我をしたりすることで、若い時以上に掃除が困難になります。

そのため、高齢者が安全で安心した生活を送るためにも、家事代行サービスのニーズが益々高まることが予想されます。

②女性の社会進出

1986年に「男女雇用機会均等法」が施行されてから、30年以上が経ちました。当時は専業主婦が多かったですが、現在では女性が仕事を持つのが一般的になっています。働く女性が増えれば、それだけ「家事にかける時間」が減少するので、私たちのような業者に清掃を依頼する家庭は着実に増え続けます。

③晩婚化

生涯未婚率の増加により、男女共に単身者が増えています。多くの未婚者は、仕事に時間を取られ、掃除にまで手を回すことができないのでしょう。休日は自分の時間を大切にするため、ハウスクリーニングに依頼することで掃除に使う時間を失くし、少しでも自分の時間を確保する傾向が見受けられます。

④共働き世帯の増加

共働き夫婦は、仕事と家事を両立させなければなりません。ただでさえ時間に追われる中、子供の世話や介護を必要とするご家庭の場合は、特にお掃除代行サービスを頼む方が増えています。
このように、現代の社会的背景に関係して、お掃除ビジネス市場は拡大の一途を辿ってい
るのです。そして、上に挙げた4つの現象は、今後ますます深刻化し、加速してゆきます。
もっと言うと、この世の中から、汚れは絶対になくなりません。目に見えていないようで
も、日々汚れは蓄積されていきます。まさにお掃除ビジネス市場は、視界全部を指すと言っ
ても過言ではないのです。
現在、全国各地で営業している清掃業者は沢山います。しかし、その9割は、空室や飲食
店や美容院など店舗を中心に掃除をする業者になります。
そのため、一般のご家庭に上がらせていただくハウスクリーニング業者は、非常に少ない
のが現状です。
また、日本でのお掃除ビジネス市場の流れは、近い未来、必ずアジアにも広がっていきま
す。日本市場のみならず、アジアにもお掃除ビジネス市場が進出することを考えると、私は
今からワクワクが止まりません。

高齢化の到来！〝よろず相談〟は増加の一途

ハウスクリーニングを依頼され、80歳の女性のお宅を訪問したときのことです。

訪問した家の玄関は真っ暗。

心配してチャイムを鳴らすと、暗闇からおばあさんが出てきて、すごく申し訳なさそうな顔でこう言いました。

「電球を交換してくれませんかねえ？」

このおばあさんは周りに気軽に家の雑事を頼める人がいませんでした。

私は喜んで電球を交換してあげました。

この先、高齢者人口は増加の一途をたどります。

高齢者のための「お掃除サービス」にとどまらず、家の中のお困りごとをすべて引き受ける「ハウスコンシェルジュ」の役割も果たす——

それがハウスクリーニング業の未来の形であると考えます。

電球の取り換えから、部屋の模様替え、話し相手まで、さまざまなビジネスが「ハウスクリーニング」から広がっていきます。

私の会社では高齢者の掃除以外にも〝よろず相談〟という形で「シニアプラン」というサービスを設けています。

「30分間1500円で何でもやります！」

といったプランで、電球交換から草むしり、家具移動、布団干し、洗濯、買い物代行、ありとあらゆる雑務をおこないます。

対象者は60歳以上です。身体障害者のお客様からのオファーも受け付けています。

日本では人を呼んでサービスをお願いして、お金払う文化がありませんが、外国ではハウスキーパーに頼むのが当たり前です。

これからの日本では、ハウスクリーニングが〝よろず相談〟のハードルを下げる役割を果たすでしょう。

ハウスクリーニングからハウスコンシェルジュ市場が広がっていくのです。

掃除以外のよろず相談を受け付けるハウスコンシェルジュ市場は、潜在的にはハウスクリーニングと同じ規模の市場があると推測できます。

この市場は、それぞれ1兆5000億円あると言われています。

ロボットは「困りごと」を解決できない

お掃除の依頼を受ける中には「寂しいから誰かと話をしたい」といったニーズも含まれます。

孤独は人間を壊します。

そして、孤独な人の部屋はたいてい汚れています。

「汚い家の中で住んでいる人は自殺率が高い」というデータもあり、ニューヨークでもフィリピンでもそのような事例が多数あります。

汚いと心がすさみ、知らず知らずのうちにストレスが蓄積してゆきます。

逆に、部屋をキレイにすると、うつ病や精神病になる確率が下がるとも言われています。

ハウスクリーニングは、深刻な社会問題の解決の一翼も担っているのです。

困っていることがあっても、やってくれる人がいない。

そこで、低価格で困りごとを解決してあげる。

それによってビジネスが成立し、「ありがとう」が生まれていく。

会社が売りたいサービスを一方的に提供するのではなく、困っているニーズがあるところに提案してゆくことが重要です。

だからお掃除ビジネスは、仕事をするたびに感謝されるのです。

さらに、お掃除ビジネスの市場は、AI時代が訪れても絶対になくなりません。

今、福祉業界では人工知能を搭載したロボットが介護のために活躍しています。

しかし、生身の人間にしかできないビジネスとして、「お掃除」と「ハウスコンシェルジュ」は必ず生き残るでしょう。

AIが発達しても、直接、話相手になって、信頼され、その場でどんな作業もこなすのは生身の人間しかいないのです。

お掃除ビジネスは、AI時代に生き残るビジネスの筆頭なのです。

晩婚化が掃除代行のニーズを生む

総務省統計局「平成27年国勢調査」によると、生涯未婚率（生涯独身率）は今後もさらに上昇傾向にあると予測されています。

２０１５年の時点で、男性はおよそ４人に１人、女性は７人に１人が結婚しない人生を歩んでいるというデータが出ています。

お掃除ビジネス業界においても、この現象は決して無関係なことではありません。

晩婚化が加速し、単身者が増すほど、お掃除のニーズを生んでいるからです。

うちのお客様で多いのが、１人暮らしの男性です。

年齢にすると、35歳くらいから50歳くらいの方です。だいたい１ＬＤＫや２ＤＫといった部屋に暮らしており、パッと見た印象では、お部屋をとても綺麗に利用しています。

お掃除の依頼内容も、「お風呂場をメインに」といった感じで、俗にいう〝汚部屋〟をキレイにして欲しいといったような要望は、ほぼありません。

余談ですが、男女比率で言うと、〝汚部屋〟は圧倒的に女性の方が多いです。

また、本人以外の人からの依頼、例えば、親御さんから「子どもの家を掃除してあげてほしい」や、お子さんから「両親の家を掃除してください」といった依頼は、かなりの高確率で、お掃除のやり甲斐のあるお宅です。

また、女性単身者の依頼で多いのは、レンジフードやエアコンなど、手の届かない箇所です。

女性の場合、掃除機は日常的にかけているけれど、高い位置だけはお願いしたいといった要望が目立ちます。

話は戻りますが、何千件と独身男性の自宅でお掃除をしているうちに、私はあることに気づきました。

それは、私たちお掃除業者に、〝お母さん代わり〟を求めていることです。

ご依頼くださる世代の方たちは、母親世代がちゃんとお掃除をしてくれる時代だったのでしょう。

実家にいたときは綺麗な状態が保たれていたのに、一人暮らしを始めてみると、実家にいたときには気づかなかった、お母さんがいつも掃除してくれていたであろう、あらゆる箇所が気になりだすのです。

部屋の汚れが少しでも気になりだすと、人は無意識にストレスを感じると言われています。ですから、実家で綺麗な環境で暮らしていた彼らが、自分の部屋に生じた汚れを見ると、途端に不安に駆られます。

そして、「こんな部屋で生活をするのは耐えられない！」と、自分で掃除をするでも、母親に頼むわけでもなく、プロに頼むのが望ましいと判断して私たちに依頼がくるのだと想像します。

先ほどもお伝えしたように、彼らの部屋は、乱雑さはなく、どちらかというと、独身男性にしては綺麗に整頓されています。

むしろ、空気清浄機など置くくらい、住環境には気を遣っている方がほとんどです。きっと仕事場でも整理整頓を心がけ、効率よくロジカルに物事を考えながら仕事を進めて行ける方でしょう。

ですから、自分で慣れない掃除をするよりも、お掃除業者に頼み、その空いた時間を自分がやりたいことに割く方が、効率が良いと考えるのです。

しかも、一度お掃除を頼まれると、引き続き依頼してくださる方がほとんどです。

年々、単身者の利用が増加しているように、晩婚化が私たちお掃除業界の追い風になっていることは確かかと言えます。

賃貸物件は無尽蔵のマーケット

いくらお掃除ビジネスのニーズはあっても、営業をしなければ仕事は入りません。人によっては、「営業なんてできないよ〜」と思う方もいらっしゃるかと思いますが、お掃除ビジネス業界では、ゴリゴリの営業活動など必要ありません。

営業経験がプラスになることはあっても、経験がないからとマイナスになることはないのです。

お掃除ビジネスで必ず営業が取れる、しかも定期収入につながる３つの営業先は、次のものになります。

①不動産屋
②リフォーム屋
③物件を持つ個人オーナー

実を言うと、お掃除会社として起業している6割の会社は、こうした賃貸物件を専門にやっている業者です。

ハウスクリーニングを依頼されるお客様は、ブランドや信頼性を重視するため、なかなか個人経営の会社では参入が難しいのが現状です。

そのため、多くの事業社は、上記3つのような案件を専門に行っているのです。

つまり、起業して仕事が欲しいときは、この3つを押さえておけば、食いっぱぐれることはないのです。

賃貸物件の多くは、2年に1度、契約更新があります。また、賃貸物件に長く住もうという人は少ないため、入居者が出入りするたびに、清掃が必要になります。

持ち家ではないため、そこまで綺麗に部屋を使おうとする人はいませんが、空き物件には家具や物が一切ありませんから、掃除がしやすいというメリットがあります。

価格は、ワンルーム2万円からが相場です。

料金だけを見ると、決して高単価とは言えませんが、引っ越しシーズンの3月、4月、9月になると、かなりの収入が見込めます。

何より、リピート性が高いのが、賃貸物件の特徴です。

また、賃貸物件を中心に仕事を受注することで、休みが取りやすいというメリットもあります。

引っ越しが少ないのは1月と10月ですから、その間に海外旅行を楽しむなど、プライベートの充実に努めるフランチャイズオーナーも存在します。

ライフスタイルを自分で選択できるのも、この仕事の面白さの一つです。起業したら、賃貸物件の契約をいくつか抱えておくと、収入への不安は半減するでしょう。

技術力さえ身に付ければリピーターが増え続ける

お掃除の技術は、1年あれば身に付きます。

ただしこれは、おそうじ革命のフランチャイズオーナーとなり、45日間の研修を経て、現場に出て回数を重ねて得られる技術です。

何より、自らがお掃除のプロになると意識し、努力した場合の最短ルートです。

もし、独学でお掃除会社を起業し、現場に出て試行錯誤しながら技術を身に付ける方法なら、その3倍、いや5倍はかかります。

なぜ断言できるかと言うと、私自身がそうやってお掃除会社を起業したからです。

その上で、私がこれまで培ったノウハウを、惜しみなく取り込んだものが、弊社のフランチャイズ加入者対象の研修プログラムです。

おそうじ革命では、「そうじの上手な〝商売人〟を育てること」を目標に、技術・マーケティング・経営ノウハウを学ぶ研修を、全67項目・45日間で実施しています。

お掃除会社で、ここまで真剣に研修を施す会社は他にありません。

他社では、アルバイトを使って回せばいいと考えている会社がほとんどですし、働くアルバイトの人たちも、掃除がやりたくて働いているのではなく、次の仕事が見つかるまでのつなぎ、あるいは日銭稼ぎといった感覚で取り組んでいます。

本気でプロの掃除人になると望まない人たちが掃除に取り組んだところで、技術が身に付くでしょうか？

答えは当然〝ＮＯ〟です。

志もなく、ただ繰り返すだけで技術は身に付きません。

一般的に、お掃除がやりたいという人は多くありません。学歴や経験が不要な仕事ですから、お掃除は職種の中でも底辺の仕事だと感じている人ばかりです。

逆にいうと、そういう市場だからこそ、競合がいてもうちが勝ち残れるのです。

おそうじ革命の教育システムであれば、たった45日間の研修期間で、現場でも大抵のことは簡単にできるようになります。

座学の研修では、エアコンや洗濯機を分解する授業があり、触れてはいけない部品なども、徹底的に教え込みます。

また、洗剤成分の知識を理解するだけで、掃除はものすごく簡単になるでしょう。

学んだことを、お客様のお宅で素直に実践する。

たったそれだけで、お客様はものすごく喜んでくださいます。そして、「またこの人に頼みたい」そう思ってくださるのです。

もちろん研修以外にも、技術力を磨く方法があります。それは後の章で詳しくお伝えしますが、リピーターを増やすコツは、〝お掃除でお客様を満足させる〟それに尽きるのです。

雑事のアウトソーシング——面倒なことは自分で「やらない時代」

あなたは今の生活に満足していますか？

「もっと時間があれば…」そう感じたことが、一度はあるのではないでしょうか。

現代人は24時間では足りないくらい、とにかく忙しいです。

国も働き方改革を提唱して、表向きは生活が改善されそうな気になりますが、結果的に国民の忙しさは変わらないように感じられます。

しかしながら、テクノロジーの発展によって、人々の生活は日を増すごとに便利になっています。

食事や買い物も、欲しいものはすべてボタン一つで配達してもらえます。

このように、自分の生活の中でアウトソーシングできるものは、何でも頼める時代になっているのです。

掃除に対してもまたしかりで、自分が少しでも楽になるのであれば、誰かに頼むことも厭わない慣習が出来上がりつつあります。

面倒だと感じることは、自分で「やらない時代」に変わってきているのです。

気になるのは、昔に比べて時間を節約できているはずなのに、「時間にゆとりがある」と考えている人は少数派だということ。それには、はやり便利さと豊かさが関係しているように思います。

現代は、何をするにも安価でできます。

遊びに行くのも、ご飯を食べるのも、旅行もゲームもそれほど無理をしなくても手に届くような環境にあるのです。

そのため、やりたいことが多すぎて、1日のうちたった8時間の労働でも、時間が足りないと感じるのです。

つまり、時間が欲しいと感じている人は、多数存在します。そして、やりたくない物事は極力避け、誰かに頼めることはお願いしたいと考える人も増加しています。

お掃除は、アウトソーシングできればいいと願う、最もたる作業でしょう。

こうした社会現象もまた、お掃除ビジネス市場の拡大を後押ししているのです。

増加する共働き――家の掃除まで手が回らない

女性の社会進出や、近年の賃金の減少などを理由に、共働きを選択する夫婦の割合は年々増加しています。

共働き夫婦は、仕事と家事を両立させなければなりません。

それに加えて、子育てや介護といった問題が浮上すれば、家の掃除が後回しになるのは仕方のないこと。中には、共働き夫婦の家事分担が喧嘩の発端になるという話も耳にします。

そのような理由から、「時間を短縮できるものはなるべく短縮したい」「休日は家族とゆっくり過ごしたい」と、お掃除を依頼する共働き世帯が増えているのです。

共働き世代というと、年齢にして30代~50代といったところでしょうか。

その年代は､幼少期から自宅に家電が当たり前のようにある世代の人たちです。何より、その年代の人たちは、昔の汚い日本を知りません。

仮に彼らを、〝汚いものをキレイにしたい〟層だとしましょう。

そうした環境の元で育った彼らの子ども世代は、必然的に〝キレイなものをキレイにする〟層として、よりキレイな生活を求めるようになっています。

人々の綺麗に対する意識は、昔以上に高まっているのです。

例えば、かつて洗剤は、汚れを落とすことが重要だったはずです。

しかし現代では、除菌や消臭といった商品が店頭に数多く並ぶようになり、汚れを五感で感じる人が増えていることがわかります。

もはや汚れを落とすだけでは、人々の心は満たされなくなっているのでしょう。

つい先日も、こんなことがありました。

福岡の実家に帰省した際に、テーブルの上に除菌シートが置かれていたので、母に「これは何？」と尋ねると、「智明がこの前来た時に、汚い雑巾でテーブルを拭いていると言われてから、雑巾が汚く思えて使えなくなっちゃった」と言ったのです。

母のように、〝物は最後まで大切に使いなさい〟と育てられた世代でさえ、このような汚れに対するちょっとした出来事1つで意識が変化してしまうのです。

情報過多な今の世の中、似たようなことはいくらでもあるでしょう。

ひと昔前に、ダニやハウスダストを原因とするアレルギーが流行したときも、ハウスクリーニングの需要が一気に高まったことを覚えています。

脱線してしまいましたが、共働き世帯の増加に比例する形でお掃除のニーズも高まっています。

お掃除をアウトソーシングすれば、自分も家族も笑顔になれる。

発想を変えるだけで部屋は綺麗に、夫婦間も良好になれば、まさに一石二鳥ですね。

「時短目的」の「ハウスクリーニング活用」がスタンダード化

ハウスクリーニングを依頼されてお客様の自宅に訪問すると、「初めて」というご家庭は滅多にありません。

だいたいの方が口を揃えて、「他のお掃除業者はこうだったけれど、お宅はちゃんとやってくれるわね」と言った、他社と比較した感想や御礼の言葉を述べてくださいます。

今やカーシェアリングと同じくらい、ハウスクリーニングは気軽に利用できるサービスとして定着しつつあるのです。

ハウスクリーニングの活用がスタンダード化したのは、高齢化社会や女性の社会進出、晩婚化、共働き世帯の増加に伴う、人々のキレイに対する文化的意識の変化が関係しています。

また、「やりたくないことは誰かに頼む」「時間をお金で買う」といった時短意識が強まったことも手伝っているでしょう。

お客様の依頼目的もほぼそれで、「お掃除する時間がもったいない」「少しでも楽をしたい」

と、お掃除の時間を削ろうと考える人が、年々増加しています。

最近でこそ、日本でもお掃除のアウトソーシングが常習化してきましたが、アメリカでは何十年も前からハウスクリーニングが利用されており、貧富に関係なく定着しているビジネスとして一目置かれています。

加えて、アメリカのハウスクリーニング業者は、職業的地位が高く、人々に役立つ職業という意味でも、リスペクトされる職業の一つとされています。

給料も日本とは異なり高額なため、子どもたちからも憧れの職業として崇められています。日本のように、お掃除業者は底辺の仕事といった印象はなく、誇れる仕事としてみなさん取り組まれているのです。

中でも、全世界にフランチャイズ展開している『サービスマスタークリーン』という会社は、創業以来、アメリカではずっと優良企業とされているほどです。

アメリカほどではないにしろ、ハウスクリーニングのスタンダード化は、日本でも進んでいます。

そしていつの日か、アメリカのようにハウスクリーニング業が尊い仕事だと日本でも認識されるよう、私たちももっと業界の繁栄に努められたらと考えています。

お掃除起業なら今日からスタートできる

お掃除ビジネスは、思いついたその日にスタートできます。

かくいう私も、看板を掲げることなく、一瞬でお掃除会社を起業しました。

当時、30歳の誕生日を目前に控えていた私は、9年勤めた大手清掃会社を辞め、起業したいと考えていました。

起業するなら何が儲かるのか……それを確かめるために、いくつものアルバイトを経験してみたのです。

しかし、残念ながら何をやっても今一つピンときませんでした。

けれど、たった一つだけ、その時にわかったことがあります。

それは、何をやってもキツイし、何をやっても楽には稼げないということでした。

ならば、やはり自分が人よりも得意で、好きなことで起業しようと思ったのです。

その答えに辿り付いた瞬間、私はお掃除会社を始めることに決めました。

最初のお客さんは、当時住んでいたワンルームマンションの大家さんでした。お掃除会社の起業を決意したその日、私は大家さんの家に行きました。そして、こんな話をしました。

私――「お掃除会社を始めたので、他の部屋が空いたら僕に掃除をさせてください」。

大家さん――「へぇ～。福井君が。じゃあ、いくらでやってくれる？」

私――「……では、2万円でいかがですか？」

大家さん――「わかった。じゃあお願いする時は連絡するね」

それから3日と経たないうちに、大家さんから連絡が来て、お掃除を依頼されました。

まさか、そんなにも早く仕事をいただけるとは思わなかったのですが、急遽舞い込んだ仕事に対し、最初に行ったのが、100円均一でお掃除道具を揃えることでした。

そのとき、私の全財産は、最後のアルバイト代として手渡された現金30万円だけでした。

そして、その30万円を利用して、お掃除会社を立ち上げたのです。

内訳は、以下の通りです。

・株式登記　25万円
・中古バイク　　3万円
・100円均一で揃えた掃除道具　1万円

そう、お掃除にかかった道具は、1万円にも満たなかったのです。

前の会社での経験を活かし、何とか無事に掃除を終え大家さんに確認してもらうと、大変、満足してもらえたのです。

その証拠に、大家さんはその後も私に空室物件の依頼をしてくれるようになりました。

私にとって、大家さんこそが初クライアントであり、初のリピーターです。

このように、私のような思いつきでも起業できるのが、お掃除ビジネスです。

しかも、たった1万円のお掃除道具で始められる仕事など、他にはないでしょう。

この出来事は私に、決意と覚悟、そして行動が伴えば道が開けると教えてくれました。

私にもできたのですから、これを読んでいるあなたでも、その日からお掃除会社をスタートすることは可能です。

お掃除は成果が見える！達成感！満足感！やりがいがある！

お掃除って、成果が分かりやすい作業だと思いませんか？

ゴチャゴチャと荷物や書類が置かれたテーブルを整理整頓するだけで、何だか気持ちまでリフレッシュされた気分になりますよね。

そんな小さな達成感が、お掃除にはあると思います。

それは、プロとしてお掃除を生業にする私も同じです。

毎回、お掃除をした後は、とても清々しい気持ちになります。そして、それ以上に得られるのが、お客様の反応の気持ち良さです。

初めてこの業界に入ってきた人がお掃除をした後に、必ず口にするのが、

「掃除をするだけで、こんなに喜ばれるんだ！」

という感動に似た言葉です。

私たちがお掃除をすると、お客様は、それはそれは喜んでくださいます。

お客様によっては、お礼のお手紙やハガキをくださる方もいますし、中には昼食を準備してくれたり、次の現場に持って行ってねと、お茶とお菓子を紙袋に入れて手渡してくださったり……。

みなさん、いろいろな形で感謝の気持ちを伝えてくれようとします。

こちらとしては、報酬をいただいているので、満足させるのは当然のこと。もちろん、お礼がしてもらいたくて、施すわけではありません。

しかし、お客様も想像以上に綺麗になるのが手に取ってわかるため、みなさん本当にびっくりしてくださります。

実は私は、「ありがとう」という感謝の言葉よりも、お客様の驚く表情を見ることに、この仕事のやりがいを感じています。

現場に行くと、いつも「どうやってこのお客様をお掃除でビックリさせようか」そればかり考え、胸がワクワクするのです。

特別、ヒアリング力があるわけではありませんが、お客様と現場で少しお話をするだけで、お客様が、どこを、どういう風に綺麗にしてほしいのかが分かります。時としてそれは、ちょっとした世間話からもうかがえることがあります。

何を一番綺麗にしてもらいたいのか。

それさえわかれば、そこを重点的に掃除するだけで、大概、お客様は大きなリアクションで驚き、喜んでくださいます。

ちゃんとやれば、お客様も「またお願いしたい」と思ってくださいます。

例え、他社がうちよりも安い価格を提示しお掃除すると言っても、頷く人は少ないでしょう。

自宅に上がらせていただいての作業になるため、信用できる人に頼みたいという理由は最もです。しかし、お客様はただ単純に、価格よりも本当に綺麗になる方を選ぶのです。

私たちの仕事は、目の前の汚れを落としてピカピカにすること。

たったそれだけのことです。

けれど、たったそれだけのことに注力するだけで、お客様はビックリするくらい喜んでくださいますし、快くお金を差し出してくださるのです。

わずかな洗剤代だけで、その何十倍もの報酬とお客様の満足気な笑顔と感謝の言葉で、疲れなんか一瞬で吹き飛びます。

おそうじビジネスは、その日一日の達成感、満足感、そしてやりがいを実感できる本当に素晴らしい仕事だなと、何年経っても感じる日々です。

お掃除ビジネスはメディアでも引っ張りだこ

ありがたいことに、最近はメディアでもお掃除ビジネスが注目されるようになっています。

先日も、フジテレビの『日本の掃除軍団が行く！ 世界ゴミ屋敷バスターズ』という番組でお手伝いさせていただき、アメリカのアーカンソー州までスタッフと行ってきました。

当社の理念に

世の中のありとあらゆるものを綺麗に、
そして日本のお掃除技術を通じて世界にキレイを届けたい

というものがあります。

今回の番組企画は、まさに弊社の理念にピッタリ寄り添うものだったのでお受けしたのですが、撮影とはいえ、本当に大変な現場でした。

伺ったのは、1人暮らしのおばあさんの自宅です。

おばあさんは物を捨てられない性質で、片付けもできず、足の踏み場もないようなゴミ屋敷の中で暮らしていました。

それまで、何度も息子さんから掃除をするように言われていたのですが、お掃除が苦手ということで、手が付けられなかったそうです。

すると、とうとう息子さんが愛想を尽かし、親子関係に亀裂が入ってしまったのです。

息子を失いたくないと焦ったおばあさんは、やっとの思いでお掃除を決意します。

まずは、ゴミを捨てる作業から始めました。

最初は、物を捨てられないおばあさんに判断を仰ぎ行っていましたが、それではなかなか捨てたがらないため、作業も進みません。

それでも根気良くお話をしていくうちに、おばあさんにとって何が必要で不要かが、判断できるようになってきました。

気付けば、私も途中からは番組の撮影であることはすっかり忘れて、やはりいつものように、「このおばあさんをビックリさせるほど部屋を綺麗に、ピカピカに磨きたい！」という思いに駆られ、無我夢中で清掃にあたりました。

言葉は通じなくても、家を綺麗にしたいという気持ちは同じです。

5日間まるまる作業して、無事に片づけが終わった暁には、ボロボロ涙を流しておばあさんは喜んでくださいました。

同行してくれたスタッフの中には、本部役員の他、フランチャイズオーナーもおり、このような体験ができたことをとても喜んでくれました。

テレビ局の方も、この手の番組は視聴率も安定しているとのことで、またオファーしたいとおっしゃっていました。

まさか自分がお掃除でメディアに出ることがあるとは思ってもみませんでしたが、その体験を通して、日本のみならず、世界でも需要がある仕事だと、改めて実感した次第です。

キレイな環境を望むのは、老若男女、国籍は問いません。

今後はアジア展開も視野に入れている私たちとしても、今回の企画は大変、自信になりました。

何か一つ秀でた技術を持つことで、世界でも必要とされる存在になれたことは、スタッフ共々とても嬉しい出来事と言えます。

2章
「お掃除起業」ならあなたも年収1000万円稼げる

お掃除ビジネスって時給3000円って知ってました？

お掃除ビジネスの仕事は、時給3000円です。

えっ！　そんなにもらえるの？と思われた方。

もらえます！

同じ時給3000円で、世の中にはどのような職種があるのでしょうか。

調べてみたところ、薬剤師や塾講師といった国家資格所持者、あるいは高学歴の方々と同等の賃金が、お掃除ビジネスでは得られます。

私たちの会社は、だいたい朝9時から働き始め、18時くらいまでの仕事です。

月25日働けば、月給80万円。年収にすると、960万円ということになります。

繁忙期には、月給の倍近く稼ぐ人もいますから、1年目から1000万円稼ぐ人も決して珍しくはありません。

お掃除ビジネスは、高単価の仕事なのです。

しかも、技術力にともない掃除にかかる時間は短縮され、お客様に満足していただくことで、固定客（リピーター）も付いてきます。

ですから、技術力を磨くことで、１０００万円が１５００万円に、仲間を増やして受注を増やせば、倍の３０００万円を稼ぐことも可能です。

私の友人に、一流企業に勤めて年収１０００万円を稼いでいる人がいます。

彼は毎朝早く出勤し、毎晩残業をして、週末も仕事のことばかり考えて過ごしています。

会うたびに老け込み、「プライベートの時間もロクに取れない」とこぼしていました。

その話を聞いて私は、もし彼の労力をお掃除ビジネスにあてれば、年収１５００万円は楽に稼げるのにな……と、心の中で思ったことを覚えています。

しかしながら、楽して稼げる仕事など、世の中にはありません。

お掃除ビジネスの仕事は時給３０００円ですが、時給３０００円を稼ぐコツを覚える必要があります。

私もそうでしたが、始めたばかりの頃は、全部を綺麗に、ピカピカに磨くことばかりに意識が向いていました。そのため、必要のない力を込めたり、全部を完璧に磨こうとしたり、いかに無駄な動きが多かったか。

ただ、がむしゃらに掃除をしていたのです。

しかし、回数を重ね、経験を積むことで、お掃除のポイントがだんだんと見えてくるようになりました。

汚れは力ずくで取るものではありません。洗剤で漬け置きしておくだけでキレイになるものや、汚れによって洗剤を使い分けるだけで、驚くほど簡単に落ちる汚れもあります。

お掃除に手を抜きなさいという話ではありません。

お客様が喜んでくださる一定以上のレベルを保ちながら、お掃除の腕を磨くことが肝要なのです。

お客様が「これだけやってもらって時給3000円なら安い！」と感じるサービスを提供することが、私たちのお仕事です。

事務所なし、在庫なし、1人でもOK！

お掃除ビジネスを始めるなら、あなたならどんな準備をしますか？

起業となると、何かと物入りになると考える方もおられるようですが、お掃除ビジネスに必要なのは「健康な体」だけです。

事務所も、在庫もいりません。

お掃除ビジネスは、技術職です。物を仕入れて売る、一発でも当たれば大儲け……なんてオイシイ商売ではありません。

ただひたすらお掃除をして、技術を磨く。

それに尽きます。

たまにお掃除ビジネスで起業したからと、社長っぽく、事務所を構える人がいます。

けれど、お掃除ビジネスは出張業ですから、ほぼ事務所にいることはありません。

事務作業がないわけではありませんが、私は仲間を10人雇うようになっても、自宅を拠点に活動していました。

ハッキリ言って、お掃除ビジネスを始めるのに事務所は必要ありません。

洗剤の在庫が必要だと思う方もいますが、洗剤はなくなってから頼んでもすぐ手に入ります。

お掃除ビジネスを始めて、最初から一人では抱えきれない仕事が舞い込めばいいですが、始めの頃は、自分の食い扶持を稼ぐので精一杯です。

人を雇えばたくさんの仕事が受注できると考える人もいますが、初心者や半人前の人に手伝ってもらったところで、お客様に喜んでもらえる仕事はできません。

逆に、半人前の人を雇えば、雇った人数分のクレームがあなたに降りかかってくると考えた方がいいでしょう。

お掃除ビジネスで稼ぎたければ、リピート客を得るのが一番です。

お客様に「またお掃除をお願いしたい」と思ってもらえる技術力を、まずはご自身が身に付けてから後進を育てた方が、ビジネスは成功します。

お掃除ビジネスに必要なのは健康な体と、目の前の汚れを落とすことのみ。

恰好つけずに、お金に走ることなく、汚れを落とすことだけに集中すれば良いのです。

小さな元手で起業できる、現金商売なので堅実に稼げる

お掃除ビジネスは、現金収入の日銭商売です。

お掃除したその日に、現金収入が得られます。

最近では、クレジットカード決済を希望されるお客様もいるため、おそうじ革命ではクレジットカード払いでも対応していますが、起業時にそこまでの準備は必要ないでしょう。

1章でもお伝えした通り、私はたった1万円でお掃除道具を揃え、お掃除会社を起業しました。そして初仕事では、2万円の報酬をいただきました。その後も、お掃除道具を買い足すことなく、40件のお掃除をして、80万円の報酬を得ました。

たった1万円の開業資金で、80万円も報酬が得られたのです。

お掃除ビジネスで起業する最大のメリットは、少ない元手で、着実に大きな利益を得られる点にあると私は思います。

開業当時の私は、貯金も手持ちのお金もありませんでした。先々の生活費すら、支払う見

込みのない状況です。そのため、お掃除をしてその場でいただけるお金がどんなにありがたかったことか。

他業種では、仕事が完了してから1~2カ月後に納金される場合がほとんどです。

そう考えると、お掃除ビジネスは低予算で事業を開始でき、即現金収入を得られる、元手のない私のような人間には、好都合な職業でもあります。ただ、私のように現金を得ては食事や飲み代に使ってしまうタイプには、日銭商売では一向にお金が溜まらないのですが（笑）。

とはいえ、お掃除をすれば、その場で現金収入が得られるというシステムは、私には大変ありがたく、心のゆとりにもつながりました。

起業というと、経理が必要だと考える人もいますが、最初は家計簿くらいの感覚で収支を記しておく程度で大丈夫です。

それよりも、私のように、現金を手にして浮かれてしまわぬよう、注意してください。

経営ミスによる倒産の可能性が低い

お掃除ビジネスによる倒産は、絶対にありません。

前の項でもお伝えした通り、事務所を構えたり、在庫を抱えたりする必要がないため、月々の出費は、洗剤代や移動に使う車やバイクのガソリン代くらいのものです。

お掃除をすれば即現金収入が望めますから、1日働けば諸経費くらい楽に稼げるでしょう。

お掃除ビジネスでありうるのは、倒産よりも廃業です。

それも、お掃除ビジネスを始める前に借金を抱えていたというケースや、お掃除が下手すぎるあまりリピーターが定着せず、思うような売上が望めないといった場合に限ります。

私たちがこれまで育てたフランチャイズオーナーは、現在200名ほどいますが、その中で倒産した人は一人もいません。売上が上がらなかった人も、いません。

健康上の理由や家業を継ぎたいといった、売上以外の理由で廃業した人が、3名いただけです。

パーセンテージでいうと、わずか2～3％です。その他の98％のオーナーさんは、お掃除ビジネスで着実に売上を上げ続け、収益を増やしています。

低予算で始められる上、在庫を抱える必要がなく、利益率の高い仕事ですから、お掃除ビジネスで失敗するリスクはないに等しいのです。

こういう仕事を一度したら、在庫を抱えるような仕事は絶対にしなくなります。

そもそも、在庫を抱えるから経営ミスが起こるのです。お掃除ビジネスでは、博打的に潰れることは絶対にありません。

弊社にも、40代や50代でお掃除ビジネスを始められるフランチャイズオーナーさんがたくさんいらっしゃいます。

その年代と言えば、お子さんの学費がかかる時期です。

中には、その年齢での転職にご家族の反対に遭われる方もいますが、始めてみれば、みなさんきちんと収益を上げるため、最終的には奥様が手伝ってくださるようになるケースを多々見かけます。元手少なく始められ、毎日現金を持ち帰り、倒産の恐れのないお仕事だと分かれば、家族も安心を得、協力しようという気持ちになります。

以上のことから、お掃除ビジネスでの倒産の心配は無用だと私は思っています。

学歴、性別、年齢、経験不問！必要なのは健康な体だけ

お掃除ビジネスを起業するにあたり、資格や免許は必要ありません。移動手段として、バイクや車の運転免許があった方がいいという利点はありますが、資格を取得するためといった、勉強は不要です。

お掃除ビジネスは、健康な体があれば誰でもできます。

性別、年齢、学歴、経験を問わず、体が動く人であればすぐに始められる仕事です。

性別で言うと、男性の方が背も高く、高所作業がしやすいのではないか。男性に比べて力のない女性は不利ではないかといった意見もありますが、性別関係なく、誰でも始められます。

それというのも、お掃除に力は必要ないからです。

力ずくで綺麗にしようとゴシゴシ力を込める人は、知識がないからです。お掃除や洗剤に関する知識があれば、力ずくでやろうとは思いません。

また、この仕事で重い物を運んだことは、一度もありません。腕力よりも、持久力の方が必要な仕事です。

最近では女性の方も増えていますし、お客様の中には、女性を好んで指名する方もいます。男性にはない、女性ならではの視点や気配り、優しさがウケているのでしょう。

とある女性フランチャイズオーナーは、2カ月先まで予約待ちという人気ぶりです。

他にも、年齢を気にされる方がいますが、うちでは60代の方も活躍されています。

お掃除は、回数を重ねるほど技術力が磨かれます。例え年齢的な体力の衰えを感じたとしても、技術力でカバーすることは可能です。

中には、「若い人の方が、依頼するお客様も喜ぶのではないか……」と勘違いされる方もいますが、80歳のお客様から見れば、60歳の掃除屋なんて若造もいいところです（笑）。

お掃除のうまさと年齢は、無関係です。

依頼されるお客様の年齢層も幅広いことを考えると、相性の良いお客様との出会いは必ずどこかでありますし、健康な体さえあれば年齢は問いません。

経験については、なくても大丈夫です。

おそうじ革命のフランチャイズオーナーの99％が、違う業界から来た人です。

みなさん、あらゆる職業経験をお持ちの方が、お掃除ビジネスで成功しています。

ゼロから始めることで素直に聞き入れられるという利点もあり、人生のリスタートを切れたと喜ぶ方がほとんどです。

これからは、自分にしかできない特別なスキル（能力）を持つ人だけが生き残る時代です。

そういった側面から考えても、お掃除ビジネスへの参入者はさらに増えるでしょう。

掃除で年収1000万円稼げる理由

「お掃除ビジネスで年収1000万円稼げます！」

そんなことを言うと「本当か？」と疑いたくなるかもしれません。

しかし、これにはしっかりとした根拠があり、実績が証明してくれます。

この章では、なぜ掃除ビジネスで稼げるのかという根拠と、

「こうすれば誰にもできる！」

という基本的なセオリーについて解説をしたいと思います。

他の業種で1000万円稼ぐよりも、お掃除ビジネスのほうが遥かに最速で稼げます。

その根拠は、お掃除ビジネスが高額サービスということと、仕事の中身に「再現性」があるからです。

まず、あなたがひとりでお掃除サービスを始めたとしましょう。

掃除する場所と料金に差はありますが、だいたい2～3時間で1万5000円くらいになります。

1日2件で約3万円の収入になります。

365日休みなくやれば、それだけでも年収1000万円に達します。

ただ、これでは1日の休みがなく、1日平均2件のペースで仕事を取り続け、なおかつ広告費などもかかりますので、さすがに無理があります。

もうひとつの確実な方法は、副業したい人に技術を教えて育てれば、それが収入の増加につながるということです。

計算式にすると次のようになります。

お掃除で1日3万円稼げるとします。

これを3人でやるのです。

ひとりが1カ月に稼げる賃金は、3万円×22日＝66万円。

3人だと、198万円。

あなた以外の2名分のアルバイト料を売り上げの50％とすると、月々の人件費は66万円。

198万円－66万円＝合計132万円があなたの手元に残ります。

売り上げの10％である19万8０００円を広告費に投下して、月額１１２万２０００円が粗利となります。

ここから雑費を引いて、月１００万円の収入。

年収は１２００万円となります。

もちろんあなたの努力次第という条件がつきます。

稼ぐポイントは、スタッフのキャスティング力、技術習得のための教育力、そして継続して仕事をしてもらうためのモチベーションアップ力にあります。

こんなにある お掃除ビジネスのメリット

ビジネスは継続的に続かなければ意味がありません。
その点、お掃除ビジネスは市場も拡大傾向にあり、今後も十分に稼げるビジネスです。
お掃除ビジネスの利点は数多く挙げられます。

1. 顧客先は無数にあり、仕事が無くならない。
2. 市場が大きく、成長傾向にある。
3. 低資本で始められる。
4. 安売りや値引きも不要。
5. 一生続けられる。
6. 在庫がない。
7. 利益率が高い。

8. 技術を磨けばさらに高額サービスとなる。
9. 接客によってリピーターを確保できる。
10. 毎日、技術が向上していく。

小口の商売なので、お得意様1社に依存せず、安全性も高い点があげられます。

また、お金で買えないおまけがついてきます。

直接、顔を見て感謝されるということです。

年収1000万円のお仕事のなかで、直接顔を見て「ありがとう！」と感謝されるお仕事が、世の中にどれほどあるでしょう？

年収1000万円を稼ぎながら、お金では買えない宝物が得られる。

それもお掃除ビジネスの醍醐味と言えるのです。

「兼サラ」で手堅く300万円の増収

ここのところ、副業を認める企業が増えています。政府が「働き方改革」の一環として、副業・兼業の推進を掲げているからです。

具体的には、「新たな技術の開発、オープンイノベーションや起業の手段、そして第2の人生の準備として有効である」とうたっています。

要は、国は労働人口を確保するため、そして年金支払額を少額で済ませられるように、どんどん自分で好きなことをしてお金を稼いでくださいと言っているのです。

かつての日本企業は、会社に在籍すればしただけ給料がもらえる年功序列制でした。けれど、そんな時代はとっくに終わり、兼業サラリーマンを良しとする文化に変わってきています。

企業にとっても、社員が副業をすることにより、新たなスキルやノウハウ、人脈を築いてくれるのですから御の字でしょう。

もちろんお掃除ビジネスも、副業として取り組むことができます。

平日の夜や土日を利用して、収益を得ている人もいます。

時給３０００円で計算すると、副業で３００万円の増収も見込めます。

ただ、スーパーや商業施設といった、閉店後のお掃除作業は単価が安いです。昼間、会社で働きながら夜間に仕事をしようと思うと、高単価の仕事は取りづらいかもしれません。

その点、ハウスクリーニングは高単価ですし、お掃除ビジネス自体が、リピーターを獲得してなんぼの仕事です。

常に新規に営業をかけ、一度限りのお付き合いといった仕事の継続では、なかなか思うような収益は見込めません。

正直に言いましょう。

世の中には、お掃除ビジネスを副業として取り組んでいる方も確かにいます。

しかし、それは物理的に可能という話であって、多くの収益を望むには、リスキーなことだと私は思います。

その点、おそうじ革命のようなしっかりとしたシステムの中で技術とノウハウを身に付け、お客様にリピートしてもらえるだけのレベルまで到達できれば、それこそ土日だけで楽に３００万円を稼ぐことができるはずです。

ただし、それだけ自信を持って働けるようになれば、副業や兼サラではなく、お掃除ビジネスにシフトして働いた方が、さらなる技術力の向上と収益が見込めるのは言うまでもありません。

兼業で収益を増やすのか、一生、食いっぱぐれることのないお掃除ビジネス一本で起業するのか……決めるのは、あなたです。

お掃除起業は長く続けられる仕事

お掃除ビジネスは、いつまで続けられるのか？

私は10年この仕事を続けていますが、お掃除が嫌で辞めたいと思ったことは一度もありません。

会社が大きくなり、時としてその人間関係に心が折れそうになったことはありましたが、現場にいたときは、一度も辞めたいとは思いませんでした。

たとえ今、現場に戻ったとしても、そう思うことは絶対にありません。

なぜなら、現場は掃除をするだけでいいからです。

毎日色々な現場でお掃除をして、喜ばれて、稼げる……体がキツイと感じることもないですし、1人でやるなら対人関係に悩むこともなく気楽です。

今思うと、現場に行っていた時の方が、すこぶる体調が良かったように感じます。

どんなにアルコールを飲んでも太らなかったし、体も程よく筋肉質で、引き締まっていました。

もしかすると、現場を辞めてジム通いをしている今の方が辛いかもしれない（笑）。

そういう意味でも、お掃除ビジネスは健康寿命を延ばす仕事と言えます。

お掃除は力仕事ではありませんから、70歳でも80歳でもできます。武道と同じで、技を磨き、それを人に教えながら達人になっていくといった流れは、お掃除にも通じることです。

そしてもう一つ、お掃除ビジネスを長く続けられる理由があります。

それは、どんなに時代が変わっても、お掃除は必要とされる仕事だからです。

メディアにしてもサービスにしても移り変わりが早いこの世の中ですが、テクノロジーが進歩したＡＩ時代でも生き残るのがお掃除ビジネスです。

最後まで生き残る仕事、それは出張業の技術職だけです。

出張業×技術職の職業は、お掃除以外に何があるでしょうか。

例えば、配送業者は出張業ですが、宅配は技術職ではないため、代替はいくらでもききます。

では、マッサージ業はどうでしょうか。

出張マッサージはありますが、マッサージ機やマッサージロボットなど、昔からたくさんの開発がなされています。

お掃除で言うと、ルンバなど自動お掃除機は出てきていますが、床の掃除機はかけられても、レンジフードやエアコン、水回りの細かな汚れまで落とすことは、どんなに技術が進化してもできません。

お掃除には、それだけハイレベルな技術が求められますし、生身の人間にしかできない仕事なのです。

40代以降の独立にも最適――独立最多年齢ゾーンは40代

起業をするのに、早いも遅いもありません。

若いから失敗するとは限りませんし、年を重ねたから成功するといったセオリーもありません。

とはいえ、40代での起業に不安を覚えるのは、わからないわけでもありません。

20代、30代の頃は、自分のことだけを考えていれば良かったはず。気力・体力共に満ち溢れているため、たとえ失敗しても、「次がある！」と思える年代です。

しかし、40代ではどうでしょうか。

例えば、40代以降の方が抱える問題には、次のようなものが挙げられます。

・結婚し、家族を養う義務がある
・子どもが成長し、学費や養育費が増える
・家のローンがある

・両親の介護が必要になる
・人生のやり直しがきかないと考えてしまう
・失敗への恐怖心がある
みんながみんなそうとは言い切れませんが、20代、30代とは異なり、自らが置かれている環境や状況、心境にも変化が生じやすいのが40代なのかもしれません。

おそうじ革命のフランチャイズオーナーの多くは、40代以降の方です。中には、上記と似たような悩みを抱えている人もいます。

しかし、それでも起業を決意したのは、「失敗する可能性が低いから」だったと話す方がほとんどです。

ゼロからの独立開業では、リスクだらけです。

けれど、おそうじ革命のフランチャイズ加盟であれば、しっかりとしたビジネスモデルが確立されており、起業後の集客やアフターフォローといった面でもバックアップしてもらえるため、「成功」以外に行き着く先はありません。

40代は、経営者としてスタートを切るには最適なタイミングです。

20代、30代とビジネスの最前線で培ってきた経験が価値を持ち始めるのは、何と言っても40代からです。

さすがに20年近く社会経験を積んできていますから、ビジネスに必要な基本スキルは身に付いていますし、世の中のこともよくわかっています。

また、ネットワークの構築という意味では、年齢を重ねている方が有利でしょう。

まして、年齢的にも背負うものが大きいので、「失敗したくない」より、「失敗できない」という気持ちが勝り、みなさん覚悟を持ち取り組むことができます。

人によっては、育児に参加するため、介護に対応するためといった、ライフバランスを考慮して起業を決意される方もいます。

そうした環境の中でも、みなさんきちんと成功を収め、自身が望む生活を手にしている人ばかりです。

本来、起業とは、20代だから、40代だからといった年齢で決意するものではなく、会社や時間、お金に縛られない生き方を望んだときがベストタイミングなのかもしれません。

40歳を過ぎていようが、「今がチャンス」と据えた人の方が、思う存分、自分の力を発揮できるのではないでしょうか。

趣味や子育ても充実、自分の時間を大切にできる

「お金をたくさん稼ぎたい」

そう思って多くの人は様々な職業に就きます。

しかし、お金を手に入れたとしても、「自分の時間がなくなった」という方々ばかりです。

悲しいかな、それが仕事の現実です。

とくに年収800万円～1000万円台のプレイングマネージャーの方が、最も〝多忙〟と言われ、家族と過ごす時間も十分にとれず、とれたとしても皆、疲れ切っているといった光景を目にします。

ストレスと疲労で、体を壊す人も少なくありません。

「もっと自分の時間を確保しながら、プライベートも楽しめる豊かな人生にシフトしたい……」

そう思う方にもお掃除ビジネスは最適です。

それはお掃除ビジネスが、労働時間を自分でコントロールできるビジネスだからです。

家族との大事な予定や、結婚記念日には、仕事を受けないということができます。

「その日は予定が埋まっているので、別の日にしていただけませんか?」

と予約を他の日に切り替えることができるのです。

これがお掃除ビジネスの魅力のひとつです。

さらに、「バカンス期間」として、長期休暇を季節ごとにとることもできます。

お掃除にも「繁忙期」があり、「閑散期」があります。繁忙期にはしっかり働いて稼ぎ、閑散期に休暇を楽しむ人が大勢います。

冷房用のエアコン掃除の繁忙期は5月からです。暖かくなってエアコンを使用し、臭いが気になったお客様からのオーダーが発生します。なんと繁忙期にひとりで月に149万円稼いだ人もいるほどです。

逆に、暖房用のエアコンの掃除は12月から忙しくなります。もうひとつ、年末にかけて日本には「大掃除」という文化があります。このありがたい習慣のおかげでお掃除ビジネスはとても繁盛します。12月の初めから年末にかけて、ひとり毎日、5万円から10万円稼ぐのがこの時期です。

そして、繁忙期以外はゆったりと過ごし、プライベートな時間を楽しむことができます。

お掃除をやっている代理店の方に聞いたところ、いちばん多く返ってきた答えが「家族関係が変わった」という声です。

「子どもの学校行事に参加できるようになった」

「妻と一緒に旅行に行けるようになった」

「年老いた父親の介護にも時間を使えるようになった」

お掃除ビジネスを始めると家族も幸せになります。

家族を第一に考えたい人には最適な仕事と言えるのです。

安定的に豊かに稼ぎながら、家族の思い出に満ちた毎日を楽しむ――。

まさに「働き方改革時代」の新しい働き方、それがお掃除ビジネスなのです。

掃除以外の収入も得られる

弊社の共有価値観の一つに、

自分達が売りたいサービスではなく、
お客様が求めるサービスを提供すること

という言葉があります。


通常、お客様が自宅に招き入れるのは、家族や友人など、極親しい間柄です。

それなのに、見ず知らずの私たちお掃除業者を自宅に入れ、お掃除をさせていただけることは、お客様の方から一歩、歩み寄りを見せてくださっているということなのです。

お客様が少しでも心を許してくださっているその現場には、たくさんのビジネスチャンスが眠っています。

例えば、エアコン清掃をお願いされたとき、洗い場として浴室をお借りすることがあります。

その際、蛇口だけをピカピカに磨いておきます。そしてエアコン清掃を終え、帰り際に、「浴室をお借りしたのですが、排水溝の汚れ、気になっていませんか？　蛇口はサービスで磨いておきましたので、機会がありましたらぜひご用命ください」と伝えると、かなりの高確率で、お客様は次回、浴室のお掃除を依頼してくださいます。

このように、自宅に上がらせていただけるということは、次の仕事を見つけるチャンスでもあるのです。

また、お客様とも自然に会話が生まれますから、そうした中で、お客様が何を求めているのかを読み取ることもできます。

前述にあった、〝おばあさんから電球を交換してほしいとお願いされた〟という話もそうですが、実はお客様が求めていることは、お掃除だけではない場合もあります。

そこでもし、「私たちはお掃除屋なので、掃除以外のことはしません！」と言ったら、お客様はどんな気持ちになるでしょうか？

せっかく勇気を出して、信頼できるお掃除屋さんだから頼んでくださったのに、お断りする理由がどこにあるでしょうか。
もし、個人でお掃除事業をなさるのであれば、あなた次第で無限のオプションサービスを提供できるはず。お掃除をきっかけに、次のビジネスにつなげられるかどうかは、あなたのアイデア次第です。

このように、お掃除サービスは、お掃除をタッチポイントに、ビジネスを無限大に広げられる可能性を秘めた業種でもあるのです。

フランチャイズなら安全なスタートが可能

お掃除ビジネスは、思いついたその日から起業することが可能です。

学歴も資格も必要なく、性別や年齢も関係なく、すぐに始められます。

しかし、お掃除ビジネスが続くかどうかは、どれだけ技術を磨き、知識を得るか、その2つにかかっていると思います。

ですから、独学でお掃除ビジネスを起業し、技術も知識も得られなかった人の多くは、深夜のモールやスーパーの清掃といった、安い単価の仕事ばかりこなすしかなくなるのです。

そんな風に身を粉にして働くことで、気力、体力が奪われた結果、「これならば雇われて働いたほうがまし」という結論を下し、廃業を決意するパターンが業界では見受けられます。

おそうじ革命は、私がたった一人から起業して、ひたすら掃除をし、技術を磨き、知識を得て、少しずつ仲間を増やし、成長してきた会社です。

現場にいたときは、どうしたらもっと綺麗にできるのか、どうしたらもっとお客様を喜ばせられるのか……毎日、それればかり考えていました。

仲間ができたときは、私の掃除への思いやこだわりを、とことん伝え続けました。

私と同じくらい、お客様を喜ばせられるようになってほしいからです。

そして、仲間が自分と同じくらいこだわりを持ち、掃除に従事できるようになったら、今度はその仲間が、新たな仲間にそのこだわりを伝承してくれるようになりました。

すごいのは、教える側が、早く一人前になってもらいたいと願い一生懸命伝えると、教えられる側は努力し、想像以上のスピードで成長していきます。すると、教える側もまた、「負けていられない」という気持ちになり、さらなる向上を志す気持ちが芽生えるのです。そのように、自然と互いに努力を重ねる間柄へと関係を変えていきます。

おそうじ革命には、勝手に掃除人として高まる仕組みがあるのです。

仲間でありながら刺激し合い、切磋琢磨し合える環境と文化が、ここにはあります。

私が現場仕事からたたき上げで作った会社ではありますが、私が10年かけて得た成功法が、フランチャイズ加盟だと、たった45日間の研修で受けられるカリキュラムになっています。

自らチャレンジし、失敗から学ぶことで身になるものですし、お掃除ビジネスをゼロから始める面白さは、確かにあります。

けれど、有限な人生を送ることを考えれば、フランチャイズ加盟は成功までのショートカットと言えます。

フランチャイズで起業する一番のメリットは、成功になぞられたカリキュラムと、実績と信頼のあるブランドが持てることです。

お掃除の技術と知識が得られるのはもちろん、集客の仕方や起業後のあらゆるトラブルや問題にもすべて対応できます。

安全なスタートを切りたいという方には、断然、フランチャイズ開業がおすすめです。

３章
あの部長は「ブラック企業」を辞めて「ピカピカ起業」で成功した

パワハラ会社を退社！愛されキャラでリピーター続出

月間の依頼数平均23件、多い時には月収１００万円を稼ぐという元フリーターの岩永さん。(仮名・30代男性)

岩崎さんは現在80人近いリピーター顧客を抱え、大忙しの日々を送っています。

一度岩崎さんにお掃除を依頼した人は、なぜか皆ファンになり、リピーターになってしまうのです。

岩崎さんの人気の秘密は「人に好かれる笑顔」。つまり、「人柄」にあります。

素直で明るく、とくに高齢者のお客様から自分の息子のように可愛がられているのです。

「特別なことは何もしていません。自分から壁を作らず、ただ家族のようにに接しているだけです」

そう岩崎さんは語ります。

岩崎さんがおこなった営業活動は最初に新聞チラシを1回配布しただけ、他は本部がお客様を紹介した程度で、その後の営業活動はゼロです。

岩崎さんは「愛されキャラ」というだけではありません。いつも見られていることを意識し、仕事への工夫も努力を怠りません。素直にどんな仕事でも請け負い、それを地道にこなしてゆきます。

岩崎さんは以前、地方の工場に勤務していましたが、指を負傷したのを機に退社し、携帯電話の付属部品の仕事に就きました。

ところが、その職場との相性が悪く、毎日パワハラを受け、

「何で俺はここで働いているんだ。生き甲斐もないのに……」

と毎日、胸の中でつぶやいていたそうです。

岩崎さんはとうとう退職を決意しました。

「もっと自分らしく生きよう！」

そんな時に「お掃除ビジネス」と出会いました。

以前からお付き合いのあった音楽仲間からの紹介でした。

「最初はお金の計算が苦手でした。でも今は、仕事にすごくやりがいを感じています」

今ではしっかり稼ぎ、さらには、大好きな音楽フェスにも気兼ねなく参加する日々を過ごしています。

運送会社を辞めて独立、今ではは求めていたやりがいの毎日

トラックドライバーの過酷な労働環境から脱却し、奥様と幸せな結婚生活を送る吉田さん。（仮名・50代男性）

吉田さんの前職は、運送会社のドライバーでした。

夜が明ける前の4時半頃に出社して、荷物を運搬。事務所に戻ってくるのは、いつも19時～20時をまわります。拘束時間は、16時間に上る日も少なくありませんでした。

「通勤も1時間以上かかっていたので、帰宅しても、睡眠時間を含めておよそ5時間後には家を出ないといけなくて……。本当にハードな毎日でした」

健康障害リスクが高まるとされる過労死ラインを超える生活が続いていた吉田さんに、大きな転機が訪れます。

それは、結婚です。

人生で最高にハッピーな瞬間を迎えようとしていた吉田さんでしたが、同時に母親が体調

を崩してしまい、運送会社のドライバーという職業について、改めて見つめ直すようになりました。

「結婚をしたら、やっぱり普通の生活がしたい。また、母親に万が一のことがあった時にはそばにいてあげたい」

そうして退職を決意した吉田さんは、次なる職探しを始めます。

転職先を探すためにインターネットを検索していた吉田さんがたどり着いたのが、まったく想定していなかったフランチャイズのポータルサイトでした。

「ハウスクリーニングと言ったら、裕福な家庭が依頼をするというイメージだったんですが、詳しく聞いてみると、共働き世代の増加や高齢化の影響でハウスクリーニング市場は3000億円の規模を誇るなど、これからも確実にシェアを拡大していく業界であることを知り、コレだ!!と直感が働きました」。

善は急げと秋雨が降る中、説明会の会場であるおそうじ革命本社を訪れました。

実は呼吸器系が弱い吉田さんは、朝から咳が止まらない最悪のコンディションでの参加となりました。

担当者の説明がスタートしても、咳が止まる気配はありません。

せっかく説明していただいているのに申し訳ない――そんな後ろめたさを感じている吉田さんに、そっとのど飴が差し出されます。

その手の主は、説明会場の奥にある事務所にいた、おそうじ革命の専務取締役でした。

「すごい感動しました。自分自身、『与えよ、さらば与えられん』という、周りを良くしたことで自分が何倍もよくなるという意味の言葉が好きなので、まさにこの言葉に値するなと思いました。こういうさり気ない気遣いができる方が引っ張っている会社であれば間違いない。そう思ってフランチャイズ加盟を決断しました」

現在、吉田さんは、本部のアドバイスでリピートを獲得し、順調に売上を伸ばしています。

当初の課題だった労働時間の改善にも成功して、奥様やお母様と過ごす時間もしっかりと確保できるようになりました。

「サービス業というのは『サービスが先でそれに利益が付いてくる』というのが私の考え。1万円の仕事だったらその分の仕事をするのではなく、それ以上の価値を見出してもらえるからこそリピートにつながります」と、3年後にはスタッフの雇用を視野に入れ、多くの種蒔きをしている段階です。

趣味との両立で充実の人生！

「自己受注率１００％」を達成し、法人化へ。フランチャイズ1号店の宮藤さん。（仮名・30代男性）

プロのミュージシャンを目指していた宮藤さんは、大手清掃会社で4年間勤めた経験を活かし、「音楽との両立」を希望しておそうじ革命の門をたたきました。

「清掃会社での経験もあったので、最初はバンドと両立できると思い入社しました」。

けれど実際に働いてみると、前職とは比にならないくらい、求められるレベルは高かったと言います。

「正直、ここまでやるのか…と圧倒される反面、これなら差別化ができ、お客様にも確実に喜んでもらえる。この仕事なら、リピーターの獲得で長く続けていけると直感しました」。

それから宮藤さんは、来る日も来る日も掃除に明け暮れます。

しかし、その一方では、なかなか音楽の道を捨てきれない自分もいたのです。

そんなとき、お掃除か音楽か、人生の選択を迫られる出来事が起こります。

当時、交際していた恋人（現在の奥様）との、結婚話が浮上したからです。

宮藤さんは、弊社の社員や友人など、身近な人に相談しました。

「とりあえず3年。

3年、掃除に打ち込んでみて、その後も音楽がやりたいと思ったときは音楽を選ぼう！」

そう決意し、音楽をいったん、諦めることにしました。

するとお掃除一本に絞った翌月から、売上はグングン上がり、翌月以降も鰻登りに上がっていきます。

「働いて稼ぐことが、こんなに楽しいと思わなかった」

そう気づくと同時に、宮藤さんのお掃除の技術はさらに磨かれ、入社3年目にお掃除革命初のフランチャイズ加盟店として独立に成功。

当時はまだ、研修制度などパッケージ化されたモデルはなく、宮藤さんと本部が試行錯誤を繰り返し、現在の研修制度が出来上がりました。

いわば宮藤さんがモデルとなり、現在のフランチャイズ研修制度が出来上がったと言っても過言ではありません。

「成果が見えやすく、頑張った分だけお客様に喜んでいただける仕事なので「綺麗になった！」の声が一番嬉しいです。また、経営者としても、自己受注の割合が増え、利益率が上がり、着実な成長を実感できています」。

独立当初より定期清掃に注力した販促を行ってきた宮藤さんは、1~3カ月のスパンで定期利用くださるお客様が、今では50件以上もあります。

独立から3年、念願だった自己受注率100％を超えた宮藤さんは、会社を法人化。家族も増えて順風満帆な日々を送っています。

工場でのルーティンワークから脱却し月商100万円越え

頑張った分だけ報酬が得られる仕事にやりがいを実感する元パティシエの佐々木さん。（仮名・40代男性）

佐々木さんの現在の月収は100万円。家のローンを返しながら、子どもとも遊べる時間が持て、公私ともに充実した日々を送っています。

「汚れがおちていく過程を見るのが気持ちいいですね。もちろん綺麗になればお客様も喜んでくれますし、〝またお願いします！〟と言ってもらえた時は最高に嬉しいですね」。

かつて佐々木さんは、パティシエとして、毎日たくさんのケーキを作っていました。

「ケーキ作りは嫌いではありませんでしたが、毎回作るものが同じで、ルーティン作業にやりがいを見失っていました」。パティシエ時代から、いつかは独立したいと考えていた佐々木さんですが、なぜ全く業種の異なるハウスクリーニング業界に飛び込んだのでしょうか。

理由は、圧倒的に充実した研修制度が用意されていたからだと言います。

「掃除も接客も営業も全てが未経験のわたしにとって、掃除スキルだけでなく独立に必要な知識をきちんと学べる環境が整っていることは大きな魅力でした」。

「研修期間中は、先輩に同行して営業から接客、実際のハウスクリーニングシーンなど様々な現場を体験させて頂きました。現場ごとで同行する先輩が違うことで、ほどよい緊張感を常に持って取り組めたので習得するのも早かったです」。

しかし、研修期間中に家族から猛反対に遭い、一度は挫折しかけたことも……。

そんな時に声をかけてくれたのが、本部の幹部役員たちでした。

「絶対に成功させてやるからもう数カ月我慢しろ。家族は売上を上げて見返せばいい」。

その言葉を信じ、佐々木さんは一日も早く独立するべく、一層お掃除に励むのでした。

そして遂に一年が経ち、独り立ちを許してもらえることに。なんと、初月から80万円を突破し、数カ月後には月収100万円を超える収入を得られるようになりました。

「疑問や不安があれば都度、先輩に教えてもらえるので、独立の際には自信を持ってスタートできました！　研修中のお客様は独立後も引き継げるため、開業時の収益不安を抱くこともなかったです」。

収入面が安定したことで、家族も納得してくれ、今では全力で仕事をバックアップしてくれていると言います。

飲食フランチャイズの過酷労働からの脱却！今では社員を雇用し法人を目指す

開業時には既に8件の定期清掃顧客が。開業して約半年で、サラリーマン時代の年収を超える売上を達成した元飲食フランチャイズの曽我さん。（仮名・40代男性）

大手ファストフードのフランチャイズ店舗で、エリアマネージャーを担当していた曽我さんは、店舗の運営や売上管理、スタッフ育成などを行う中で、「自分自身がオーナーになりたい」と思うようになりました。

当時、収入は安定していましたが、朝早く家を出て、帰宅するのは22時くらいという生活を送り、子どもとゆっくり話す時間が取れなかったと言います。

そこで曽我さんは、エリアマネージャーとして経営に携わってきた経験に加え、技術を身につけて長く安定的に続けられる仕事を探しました。

その条件にピッタリ当てはまったのが、ハウスクリーニングでした。

数社のフランチャイズを比較検討し、選んだのが「おそうじ革命」です。

説明会に出席した曽我さんは、その場で疑問や不安に思ったことを、後日、100項目くらい質問にして本部に投げかけてきました。

その熱意に感動しましたし、私たちもその問いに対し、真摯にお答えさせていただきました。

のちに曽我さんは、「すべてを受け止めてもらえたようで、信頼感を抱いた」と言います。

そして、他社にはない充実した研修制度に魅力を感じ、曽我さんはフランチャイズオーナーになることを決意しました。

「実践の場でしっかりと時間をかけて技術を身につけられる体制こそが、成功につながると確信したんです。」

曽我さんは研修期間1年の「365プラン」を選択しましたが、やる気もあり、覚えも非常に良かったため、3カ月半で技術を習得し、開業に至りました。

「研修で訪れたお客様を引き継ぎ、開業時には既に8件の定期清掃顧客がいただけました。顧客ゼロのスタートでは不安も大きかったので、とても心強かったです」。

前職の経験を活かして、飲食業での起業も一瞬考えたことがあるそうです。

しかし、店舗決めや受注、廃棄ロスといった大資本がかかる上、従業員教育や集客といった問題を抱え、一日中立ちっぱなしで作業を行うと考えただけで、成功は難しいと判断したそう。

お掃除ビジネスでは、店舗は必要ありませんし、在庫を抱える必要もありません。

「お掃除革命でバックアップしてもらい、しっかりと研修を受け、独り立ちさせてもらえたからこそ起業が成功したと思っています」。

そう感謝の気持ちを述べた曽我さんの現在の目標は、人を雇い、月200万円の収益を上げることだと言います。

携帯のコールセンター業務から脱却し2カ月先まで予約殺到

地方ならではの戦略で成功！ワークライフバランスを重視で起業した元コールセンター勤務の前川さん。（仮名・30代男性）

沖縄県在住の前川さんは、コールセンターの管理職に就いていました。

沖縄県は、全国的にも働き口が少ない地域で有名です。

「仕事があるだけまし。沖縄で生きていくためには、どんな仕事でもやらないと家族を養えない」。

そう思い込んでいた前川さんは、文句も言わず会社と家を往復する日々を送っていました。

しかし、その劣悪な労働条件に不安を抱き、日に日にやつれていく前川さんを心配した奥様は、何か別の仕事をと、弊社に資料請求をしてきました。

そして資料到着後、奥さまからすぐに本部に電話が入り、何度もやり取りをした末に、「一度、主人にも話をしてほしい」とお願いされたのです。

後日、前川さんに電話越しで説明会と同じ内容をお話ししたところ、「直接お伺いしたい」と、すぐに東京までいらっしゃいました。

前川さんの希望は、

「身に余る以上のお金はいらないから、幼稚園になるお子さんとたくさんの時間を共有したい」

というものでした。

そして、おそうじ革命であれば、沖縄県でもそれが実現すると確信した前川さん。沖縄県に帰ってすぐ職場に退職願を出し、退職まで有給休暇を申請して単身、東京にやってきました。

45日間という限られた研修期間です。

通常は土日祝日はお休みですが、前川さんは志願して、東京在住のフランチャイズオーナーと一緒にお客様の家を回りました。

「自分にはたった45日間しかありません。沖縄に帰って独り立ちできるのか不安だったので、先輩オーナーの仕事に付いて学ばせていただき、不安を解消したかったんです」。

前川さんは研修以外の時間を、すべてお掃除に費やしました。

その甲斐もあり、晴れて沖縄県のフランチャイズオーナーとして開業しました。

「本部からのアドバイスで、チラシを戦略的に配るように意識しました。また、沖縄県は車を利用する人が多いので、ラジオでも宣伝しました。そうしたら、これが大ヒット。ラジオ収録後に95件もの電話依頼が来ました」

一度に依頼が殺到し、電話はパンク状態。もしかすると、電話がつながらず、諦めたお客様もいらっしゃったかもしれません。

欲のない前川さんは、どんなに多くの依頼がきても、自分のペースを崩さず営業をしています。ですから、予約はいつも2カ月先まで埋まっている状態で、安定した収入を得ています。

先々の仕事があるということも、心のゆとりにつながっていると言います。

女性の方が色々と相談しやすい！主婦層から予約殺到

女性ならではの気配りが好評。高校・大学と福祉を学び、長年介護職に就いていた高橋さん。（仮名・30代女性）

大学で福祉を学ぶ一方、独立を夢見ていた高橋さんは、20代で中古車販売で起業。残念ながら軌道に乗らず、1年で廃業となりました。

しかし、その後も事務職をしながら資金を貯め、〝失敗しない独立先〟として選んだのがおそうじ革命でした。

「廃業を経験しているので、独立は諦めようかとも思いました。けれど、30歳を節目に最後のチャンスだと思い、お掃除や整理整頓が好きだったので、おそうじ革命の説明会へ行きました」。

説明会に参加して、資金面のことや、研修を積んでから独立できる点など、一つ一つ不安が解消されていったと言います。

しかし、高橋さんが起業を決めたのは、それだけではありませんでした。

「説明会の時から本部の方々の雰囲気の良さを感じていたのですが、個別面談で、〝どんな仕事をするかも大切だけど、どんな人と仕事をするかも大切だよ〟と教えていただき、この方たちと働きたい！と素直に思えたんです」。

それから研修が始まり、順調に技術を習得できたかと言えば、そうではありませんでした。

「介護職も経験していたので、体力には自信があったのですが、時間内に終わらせることや、バイクの運転も最初はキツかったですね」。

そうした中でも高橋さんがくじけず、起業までこじつけられたのは、仲間や本部のサポートがあったからでした。

「同期や先輩たちと、一人では難しい案件などはフォローし合っていて、分からないことは、本部にもリアルタイムで質問できるので、本当に頼りになります。起業というと孤独なイメージですが、おそうじ革命には自分を支えてくれる人たちがたくさんいました！」。

実は高橋さんは、おそうじ革命、初の女性オーナーです。

それもあり、「綺麗になった」「ありがとう」のお言葉に加え、女性のお客様から「女性の方が来てくれて嬉しい」と仰っていただけることもやりがいになっています
「女性は体力にも限界があり働き方も男性とは違ってきますが、手に職を付けられれば、一

生涯活躍できるのがお掃除ビジネスです。今は土日休みで、平日も多くて3件。これを安定的に運用しながら、働き方の面でも女性オーナーの指針になれればと思っています」。

本部やオーナー同士のつながりを大切にしながら、着々とファンを増やす高橋さん。目下の目標は、片付けの面でもお客様のお手伝いをしていきたいと、〝整理整頓アドバイザー〟の資格取得に向けて勉強しています。

このような新たな〝サービスライン〟を自ら生み出せるのも、フランチャイズオーナーのやりがいではないでしょうか。

人材派遣会社のデスクから転身
月に70万円以上を稼ぐ

開業1年で、１人では受けきれないほどの受注が殺到。人材派遣会社のデスクから転身した森さん。（仮名・30代男性）

「とにかく社長や経営者になりたい！」

そう言って「おそうじ革命」の説明会に訪れた森さん。

それまでは、独立する日を夢見て、マッサージ店立ち上げの新規事業や人材派遣会社のデスクなど、経営ノウハウが少しでも学べる仕事に就いてきました。

森さんは説明会に参加してフランチャイズオーナーになることを決意しましたが、計画的に事業を進めたいという希望があったため、１年間ＯＪＴとして働きながら学ぶことを選択しました。

研修中は日当1万２０００円です。

座学や経営ノウハウといった通常の研修に加え、資器材とバイクが支給され、先輩オーナーと一緒に実地で学ぶことができます。

「短期間の研修で起業を急ぐよりも、適正を見極めるためにも1年間みっちり学ぶ道を選びました。生活面では若干、苦しかったですが、ＯＪＴとして給料が支給されるのは嬉しかったです」。

森さんは1年後、自信を持って開業することができました。

（おそうじ革命では、起業時に、１年間愛用した資器材とバイクが無料譲渡されます）。

初月では70万円を更新し、繁忙期は3カ月連続で１２０万円の収益を上げました。

まだ開業から1年弱ですが、年収１０００万円プレーヤーになるか、ならないかくらいの収益見込みがあります。

「起業後も計画通りに仕事が取れているので、順調な出だしだと思います。開業から1年の今は、７割のお客様がリピーター、３割のお客様を新規で獲得しています」。

既に1人では受けきれないほどの受注が舞い込み、近隣のオーナーにヘルプを頼んでいる状況です。

「まだ、人を育てるところまでは行っていませんが、先輩オーナーさんを見習い、さらに技術力を上げて、一緒に働ける仲間を探せたらと思います」。

そんな謙虚さも、森さんにファンが定着するゆえんだと私は思っています。

会社倒産の過去を乗り越え初月から75万円安定して稼ぐ

誰でもできる仕事に不安を覚え、お掃除ビジネスに転身。2度の倒産を乗り越えた矢田部さん（仮名・40代男性）は、とにかくポジティブで人が好きな人です。飲食店を経営し、2度も倒産に追い込まれたのにも関わらず、まったくへこたれていません。

矢田部さんに会うと、こちらまで元気をもらえる…そんな人の良さが、この仕事には合っていたのだと思います。特にご高齢の方に人気で、お掃除にうかがったお宅のおじいちゃんやおばあちゃんとすぐに仲良くなってしまいます。

先日も、依頼してくださったお客様との写真をSNSにアップして、コメント欄でもお客様とコミュニケーションを取っている様子を拝見しました。

「友人の借金を肩代わりするハメになるなど、過去には人を信じられなくなることが何度もありました。けれど、やっぱり人が好きなんです。毎日、いろいろなお客様に会い、お話をしているだけで元気がもらえます！」。

人の懐に入るのがうまく、まるで親戚や友人のような近い距離でお客様とも接せられるのが、矢田部さん流のやり方なのかもしれません。お客様もそこに親しみを持ち、何度も依頼くださるようです。

そんな矢田部さんも、フランチャイズオーナー加盟説明会に訪れたときは、とても不安気でした。特に、奥様と小さなお子様のことを想うと、「今度こそ失敗できない」と自分に言い聞かせていたと言います。

「自分なりに、どうしてこれまでうまくいかなかったのかを考えました。

多分、これまでは、〝誰でもできる仕事〟をして、競合がいる土俵で戦っていたのだと思います。それならば、〝自分にしかできない仕事〟で勝負すればいい、そう思いました」。

そんな矢田部さんの頑張る姿を見て、奥様も協力したいと思ったのでしょう。

子どもを連れてスーパーまで買い物に行く道すがら、ポスティングを手伝ったり、母親同士のコミュニティーで話題に上げたりと、奥さまの口コミを聞きつけての依頼も増えていると言います。

矢田部さんのケースもそうですが、フランチャイズオーナーで成功されている多くの方は、伴侶のサポートを受けている方が多いです。やはり、身近で応援してもらえることが、仕事への活力にもなりやすいのでしょう。

建設業から転身！月100万円稼いだ

世界をKIREIにしたい！　フランチャイズオーナーから本部社員に志願した元建設業の井ノ原さん（仮名・20代男性）が説明会にやってきたのは、まだ19歳の頃でした。若いこともそうですが、ひときわ目立つその風貌から、若干、心配したことを覚えています。

しかし、話してみると、見た目とは裏腹に、とても芯のある方でした。

「本気でお掃除ビジネスに従事したいのですか？」とたずねると、真っ直ぐこちらを見つめ、「本気です」と答えました。

まだ未成年だったこともあり、本気で取り組む気があるなら、一度、保護者の方ともお話がしたいと言うと、翌週にはお父さんを連れて来てくれました。

そして、今度はお父さんが井ノ原さんに、「本気なのか？」とたずねると、私に答えたときと同じように、「本気だ」と伝えたのです。

するとお父さんは、「お前が本気なら、初期費用は俺が出す」と言い、本当に初期費用を捻出してくださりました。

井ノ原さんも、「お父さんを裏切るわけにはいかない！」と、熱心に研修を受け、その後、独立。数カ月と経たないうちに、月収100万円を稼げるようになりました。

20歳そこそこで年収1000万円プレーヤーとして、お掃除ビジネスに従事していた井ノ原さん。

「両親に旅行をプレゼントしたり、毎週ディズニーランドへ行ったり、友達にも羨ましがられる生活をしていたと思います」。

事業はとてもうまくいっていたのに、ある時、こんなことを言い出したのです。

「お掃除ビジネスの楽しさも、お金を稼ぐことの大変さ、面白さもわかりました。でも、この仕事に就いたお陰で、本当に自分のやりたいことを見つけたんです。僕も、社長がおっしゃるような、世界を綺麗にする仕事がしたいです！」

一瞬、何が言いたいのかよくわからなかったのですが、よくよく聞くと、お掃除ビジネスが嫌になったのではなく、世界を綺麗にする方が、ビジョンも大きく面白そうとのこと。せっかくなったフランチャイズオーナーを中断し、本部社員として一緒に頑張りたいと言ってくれたのです。

突然のことに驚きましたが、正直、とても嬉しかったことを覚えています。

「フランチャイズオーナー時代の方が稼ぎも良かったですし、時間も自由に使えていました。けれど、本部社員として、加盟者様をサポートすることのやりがいや、社長と一緒に世界を綺麗にするプロジェクトに携わっている今の方が、人生が充実しています」。

フランチャイズオーナーを経験したことで、加盟者の気持ちに寄り添った提案やアドバイスができる井ノ原さんの研修は、受講者からも大人気です。

将来は、おそうじ革命を背負って立ち、世界を綺麗にする男になるであろう、期待の社員です。

元運送業の管理センター責任者を経て第二の人生を楽しむ

前職のネットワークを生かし、ラクラク営業。第二の人生を謳歌する元運送業の新井さん。(仮名・60代男性)

当時、50代後半に差し掛かった新井さんは、定年後の人生について悩んでいたと言います。

「定年後も嘱託社員として働くことはできたのですが、給料の大幅カットに加え、部下の下で働くのはストレスに感じるだろうなと思って。何より、元気なうちは現役で働き続けたかったんです」。

そう考えた結果、手に職を付けて起業しようと決めたと言います。

また、若いときのように、ただがむしゃらに働くのではなく、第二の人生にふさわしく、ゆとりを持ちながら働けたら……というのが新井さんの希望でした。

そんな条件にマッチしたのが、おそうじ革命だったのです。

やはり管理職まで経験されていただけあり、社会性はもちろん、世の中のあらゆることを理解しているため、研修もすんなりクリアしていました。

「若い人たちに混じっての研修は、とても刺激的でした。自分では、身体的な面でもそう差がないと感じたので、まだまだイケるな、なんて思うこともできて、気持ちも若返りました」。

何より新井さんが優れていたのは、営業力です。

聞くと、前職で培った人脈に助けられたとのことですが、あそこまでお客様を引き寄せられるのは、やはり新井さんの人柄や、これまでの功績の賜物だなと感じます。

1年お掃除ビジネスに着手し、繁忙期と閑散期といったある程度の流れが掴めた新井さんは、閑散期を利用して長めの海外旅行を楽しむなど、充実した日々を送っています。

また、退職金を利用して民泊を経営するなど、別の方法でも定期収入を得ているそうです。もう会社員ではありませんから、いくつ仕事を掛け持ちしてもいいですし、稼ぐ額にも制限はありません。

第二の人生を、何の縛りや柵もなく謳歌する新井さんの現在の夢は、お掃除ビジネスを始めた頃と同じ、「生涯現役で働き続けること」だと言います。

いつまでも健康で、お客様も自分も喜ばせられる、そんな新井さんのこれからを、私も全力でバックアップできればと思います。

4章

脱サラして
成功する人、
失敗する人

素直な人は成功する、プライドの高い人は失敗する

お掃除ビジネスで成功している人には、どんな共通点があるのでしょうか？

まずそれは、「素直な人」です。

自分の行いを素直に振り返ったとき、「小さな気づき」を発見できるかどうかです。

たとえば、苦労してホームページを作ったけど、集客がうまくいかず、収入が減った——。

これもまた、小さな失敗です。しかし、この失敗をしっかりと受け止め、「なぜうまくいかなかったのか？」を考察し、次の行動に活かすことが大切なのです。

「小さな失敗」は成長の糧になるので大いに歓迎しましょう。

逆に、素直でない人は自己成長するチャンスを逃すので、お客様がどんどん離れていきます。素直に自分を省みることがないため、落とし穴に気がつかないのです。

大手企業を脱サラしておそうじビジネスを始めた44歳の男性がいました。

本部から何人もお客様を紹介しているのに、一向にお客様が定着しませんでした。

仕事の質も悪くないのにリピートされないのです。

ご本人はうまくいかないのは本部のせいと思っていたようです。

彼はプライドが高く、お客様に頭を下げることをしませんでした。

しかし、原因を究明しないまま時間が流れ、彼はついにおそうじビジネスを手放してしまいました。

ここで自分を省みる簡単な方法を紹介します。

それは、「おそうじ日記」を書くことです。

どんなお客様のところに行き、どんな仕事をしたか、お客様の反応がどうだったかを、毎日、ノートに書き出していくのです。

「おそうじ日記」を読み返すと、仕事のマニュアルに忠実だったか、お客様を喜ばせる工夫をやっていたかどうかが一目で分かります。

それにより、ビジネスのブレを防ぐことができるのです。

このように、「素直に自分と仕事を顧みる」ことが必要です。

学んだことを素直に実施し、お客様の要望を素直に理解し、失敗したときは素直に反省できる……。

こんな人は、必ず成功します。

学び続ける人は成功する、現場をこなすだけの人は失敗する

お掃除ビジネスで独立する人の9割は、お掃除とは関係のない仕事に従事してきた方です。

また、残り一割の方は、お掃除関連の仕事に携わってきた経験の持ち主です。

経営はしたことがあるが、お掃除とは無縁の仕事だった。お掃除関連の仕事はしたことがあるが、雇われで働いていたなど、お掃除と経営、両方の経験がある人は、ゼロに等しいのがこの業界の特徴です。

だからこそ、クリアな気持ちでお掃除ビジネスの起業を考えてもらいたい、私は常々そう感じています。

お掃除ビジネスで成功する人には、絶えず「学びの姿勢」があります。

それは、一通りのことが成せる1年目でも、
安定したリピーターが得られ、技術力が高まる3年目でも、
ベテランの領域とされる5年目でも同じです。

彼らはいつも、「学ぶ姿勢」を崩さないのです。

一方で、現状に満足し、現場をこなすだけの人は、何年経っても成長しません。

それどころか、リピーターが定着せず、絶えず新規のお客様に営業をかけ続けることになります。

リピーターが多く、お客様から愛されるのが学び続ける人。

リピーターが定着せず、いつまで経っても営業を続けるのが現場をこなすだけの人。

学び続ける人と、現場をこなすだけの人。あなたはどちらになりたいですか？

当然、学び続ける人でしょう。

私が思う、失敗する人＝学びの姿勢がない人には、以下のような特徴があります。

・過去の経歴、経験にしがみついている人
・経営者としての意識が持てず、雇われ人としての感覚が抜けない人
・わからないことを「わからないまま」にしておく人
・物事を後回しにしようとする人
・プライドが高い人

フランチャイズオーナーに加盟される方は、みなさん、それなりに社会人経験がある方ばかりです。前職ではある程度の地位で、ご活躍されてきたのでしょう。

それは重々承知しています。

けれど、お掃除と経営者、2つも同時に新しいことを始めるのですから、まっさらな気持ちでスタートを切ることが大切です。

起業とは、経営者になるということ。

本気で取り組みたいと思っている人は、研修でも数々の質問が飛びます。

わからないことがあると、すぐに来て「教えてください」と言います。

時おり、前職の経験を活かして、「こういうことを取り入れたらどうでしょうか」と、提案してくださる方がいます。

アイデアが出ることは素晴らしいですが、そのほとんどは、私たちが何千、何万回も頭を悩ませ既に考えてきたことばかりです。

逆に言うと、弊社のフランチャイズオーナーには、必勝法しか教えていません。

私と同じように、無駄な遠回りをしないためのプログラムを構築しています。

ですから、とにかく3年は、言われたことを素直に実行すれば必ず成功します。

新しいことを始めるときは、過去をリセットし、ゼロからスタートを切ること。そして謙虚な気持ちで学ぶことが、成功までの最短距離になります。

感動できる人は成功する、楽しめない人は失敗する

かつて私は、一緒に作業する社員に、

「お客様の喜ぶ顔を妄想しよう！」

そう呼びかけお掃除に従事してきました。

私自身、お掃除をして「ありがとう」と言われるより、お客様の驚く顔を見ることが喜びでもあるため、「今日はどんな風に驚いてくれるか」を妄想し、いつもワクワクしながらお掃除をしています。

お掃除ビジネスの素晴らしいところは、お掃除をしてお客様に感動を与え、その感動を一緒に共有できることにあると思います。

それができている人は、2年以内に毎月100万円稼げるようになります。

これは心理学でいう〝ミラー効果〟もしくは〝ミラーリング〟と呼ばれるもので、同調し合うことで好感を得たり、お互いの距離を縮めたりといった効果があります。

すなわち、お掃除で感動を与え、共有することで、お客様とも親密な距離が築けるのです。

他にも、感動が生み出す効果はいくつもあります。

- **達成感が得られる**
- **よりお客様を感動させるため、技術向上に励む**
- **失敗しても、気持ちを切り替えられる**
- **単価の安い仕事でも従事できる**
- **信頼関係が育まれる**

いかがですか？

感動はガソリンとなり、私たちの仕事にやりがいを与えてくれます。

一方、感動もできず、楽しみを見出せない人には、お掃除はとても辛い仕事になるかと思います。

お掃除は、汚れを取り去り、綺麗にすることですから、
率先して汚いものに触りたいと思う人は、そうそういないでしょう。

ここで重要なことが1つあります。

お掃除ビジネスは、大儲けできる仕事ではないということです。

もし、億万長者になりたいなら、ゼロから起業して新しいものを創造するべきです。

ですから、「何億円ものお金を稼ぐ」には、おすすめできない仕事です。

月100万円をまず目指したいという方にこの仕事は向いています。

目指すは、小成功した小金持ちです。

小成功のキーワードは「感動」です。

「感動を与えたい」と思うから、うまくいきます。

お掃除ビジネスで成功するのは、相手を感動させ、自分も感動できる人です。

お掃除をしてお客様を喜ばせたいと、魂を持ち続けられる人が、毎月100万円を手にできるのです。

生活を大切にする人は成功する、ないがしろにする人は失敗する

あなたが理想とする生活は、どのようなものですか？

もし、お掃除ビジネスで起業するなら、一年後、どのような生活を送りたいでしょうか。

お金に困らない生活、好きな物をいつでも買える生活、時間にゆとりのある生活、趣味に没頭できる生活……人の数だけ「理想の生活」はあります。

理想の生活とは、いわば願望そのもの。


私は「願望」こそが、「理想の生活」を手にするための鍵になると思っています。

たとえば、「豊かな生活を送りたい」という願望があるとします。

そして、その願望を叶える手段が、お掃除だとします。

もしかするとあなたは、お掃除があまり好きではないかもしれません。しかし、お掃除をすれば報酬がもらえます。報酬がもらえれば、あなたが望む豊かな生活に近づけるのです。

お掃除をすれば豊かな生活が手に入るとわかっているのに、ためらう必要はありますか？時には、あまりの汚さに躊躇することがあるかもしれません。

けれど、お掃除をするだけで一番の望みが叶うのなら、何を迷う必要があるのでしょうか。お掃除をするだけで、理想の生活が手に入るのです。

この「願望」を抱けるか、抱けないかも、成功に大きく関わってきます。

3章でも紹介した、フランチャイズ一号店オーナーの宮藤さんは、音楽とお掃除、二束のわらじで頑張ってきました。

しかし、気が付けばどちらも中途半端になっていたのです。こちらとしても、両方を応援してあげたかった。しかし、起業とは、そんなに甘いものではないのです。

そこで宮藤さんに、私はある提案をしました。

「まずはお掃除一本に絞って生活を安定させ、家族を安心させられるような状態になってから、もう一度、音楽もやってみてはどう？　もし、一年音楽から離れても続けたいと思うなら、その想いは本物だったってことなんじゃないかな？」。

それから宮藤さんは、一年間、死の物狂いでお掃除に打ち込みました。一本に絞ったことで、経営者としての自覚も芽生え、どんどん収益を上げていきます。

そして一年経ったときに、音楽を続けたいか尋ねてみたのです。

すると、「音楽は趣味でもできる。今はビジネスの方が楽しいし、家族の幸せが一番だと思う」と、気持ちが固まった様子でした

聞くところによると、音楽断ちを決意してから一カ月もしないうちに、掃除の奥深さ、経営の面白さを感じていたと聞きます。

宮藤さんの場合は、結婚という人生のターニングポイントが重なったことも、お掃除ビジネスに傾いた要因の一つだったのかもしれません。

けれども、他のフランチャイズオーナーの大半は、大なり小なり願望を持ち、お掃除ビジネスに従事して成功を収めています。

起業に失敗する人の多くは、夢を描けずにいます。

ですから、起業するなら、どんなにささいな願望でもいいですから、何か一つ、思い描いてみてください。

そして、絶対にその夢を実現すると心に決めて、まずは一年、お掃除ビジネスに専念してみてください。

もしかすると、その間は、多少の我慢を家族にお願いするかもしれません。

けれど、一生懸命取り組めば、一年後には家族を笑顔にさせることができるのです。

いいえ、一年と経たないうちに、願望に近づいている手応えを実感するでしょう。

自己責任の人は成功する、他人のせいにする人は失敗する

会社は、学校ではありません。

教えてくれる先輩や上司はいますが、ミスをするたびに「教えてもらっていないからわかりません」と言うようでは、万年、平社員が確定でしょう。

わからないことは自分で調べる。それが社会の基本だと私は思っています。

まして起業となれば、教えてくれる人などいないのです。

サラリーマンであれば、自分の代わりになる社員はいくらでもいます。けれど、経営者では、代わりになる者はいないのです。

ですから、もし何か問題が起きたときに「誰か（何か）のせい」にしてしまうなら、まだ、起業家としてのマインドが備わっていないということです。

環境や他人がどうこうではなく、すべては自分の責任。

そう考え、次の行動を起こせる人が、成功を収めています。

弊社のフランチャイズオーナーの中にも、うまくいかない理由を、自分以外のせいにする方がいました。

失敗するたびに、「本部が悪い」「マニュアルが悪い」「エリアが悪い」なんて言うのです。

しかし、ひとたびお客様から喜ばれ、褒められると、すぐ有頂天になり、頑張った「俺のお陰」になっていたのです。

弱い人ほど、自分に自信がない人ほど、他人にミスをなすりつけると私は思います。

そして、誰も認めてくれないから、自分で自分を褒めるしかないのです。そうでも言わないと、自分が保てないのでしょう。

私はしばらく、彼がその後どうするのか、見守ってみることにしました。

すると、3カ月ほど経った頃、収益が少し上向きかけたのです。

理由を尋ねると、「どうして自分にはリピーターが付かないのか、真剣に考えてみたら、全部、自分の責任だと気付きました」と言ったのです。

私はその一言を聞いて、「あぁ、もうこの人は大丈夫！」そう思ったことを覚えています。

後で聞いてみると、きっかけは、自分よりも後から加盟したフランチャイズオーナーが、自分よりも不利と思っていたエリアで業績を上げたことに刺激を受けたと言います。そのオーナーのひた向きな努力を知り、文句ばかり言っていた自分が、恥ずかしくなったそうです。

本当に強い人というのは、自分の間違いや失敗を素直に受け止められる人です。

これができない人は、決して成功しません。

これができない人は、お金も稼げません。

起業をするなら、全ては自己責任であることを、肝に銘じておきましょう。

商人気質の人は成功する、職人気質の人は失敗する

あなたはどんなお掃除屋さんになりたいですか？

お掃除の腕なら誰にも負けない、そんなスペシャリスト＝職人でしょうか。

それとも、お掃除のプロとして、お金を稼ぐ人＝商人になりたいのでしょうか。

あなたにとって何が成功で、何が失敗かはわかりません。

ただ、いくら掃除がうまくなっても、お客さんがいなければ掃除をさせてもらえないということを、絶対に忘れないでください。

これはどんな職人に対しても、言えることです。

たとえば、世界で一つしかないネジを作る、ネジ職人がいたとします。

ネジ職人は、来る日も来る日もひたすら世界に一つしかないネジを作り続けます。しかし、

作るだけでは誰の手にも渡りませんし、せっかくの技術も宝の持ち腐れ。儲けもありません。

けれど、こうしたらどうでしょうか。

世界で一つしかないネジを作ります。作ったら、売りに行きます。そこで、まずは試しに使ってもらったり、こうやって使うんだという方法をレクチャーしたりと、お客様が「欲しい」「使える」と思ってもらう行動を起こします。時には、お客様との会話をヒントに、改良も必要でしょう。

作る↓売る↓お客様が喜ぶ↓買ってもらう↓さらにお役様に喜んでもらえる改良を重ねて作る↓売る↓お客様が喜ぶ↓買ってもらう↓さらにお役様に喜んでもらえる改良を加える。

このように、お客様の「欲しい」が高まり続けることで、そのネジ職人にしか作れない世界で一つのネジは、どんどん価値を持ちます。

これは、お掃除ビジネスでも同じことです。

お掃除がうまくなるのは当たり前。そのお掃除技術を生かして、どうやって売り込み、お客様に喜んでもらうか。一度、喜んでもらえたからと安心せず、次はどのようなお掃除でお客様を驚かせ、喜ばせるか。さらに技術を磨き、またお客様に披露する。その繰り返しで、リピーターが定着します。

お掃除ビジネスは、サービス業です。

高い技術力を持っているのは当たり前で、高い技術を備えているからと、待っていればお客様が来る商売ではありません。

高い技術でいかにお客様を満足させ、喜ばせられるか。それが肝心です。

「自分には技術があるから営業は必要ない」なんて発想自体、起業家にはあり得ない話です。

そもそも、お客様のところに行くのですから、第一印象は良いにこしたことはないですし、対人コミュニケーションが苦手など言っていられないのです。

「嫌われたらおしまい」それくらいの気持ちでお客様とは接するべきです。

起業家は、技術5割、営業活動5割です。

技術と人間性で信頼を確保することが、顧客確保につながります。

すぐにやる人は成功する、後回しにする人は失敗する

成功者は、多少のリスクを顧みず、すぐに実行に移す行動力があります。「こうしたらどうだろう?」、「ああしてみたら……」と考えることもたまにはありますが、実行までの時間は極わずか。

「やる」か「やらないか」なら、「やる」と決断できる人です。

お掃除ビジネスで起業しても、最初は無駄なことが何かがわからないはずです。ならば、思いつくことをすべて試してみるしかありません。自分で無駄なことかどうか、きちんと確かめる必要があるからです。

ここですぐに行動できる人は、成功するでしょう。

しかし、「後でもいいか」と先延ばしする人は、往々にして失敗しています。

私の経験からすると、自分で無駄かどうか確かめるためには、時間もお金も莫大にかかります。個人で起業すれば当然のことです。

私が一人前になるまでに費やした金額を考えると、おそうじ革命のフランチャイズ加盟料の何倍にも相当します。何が必要で不要か、成功マニュアルが手に入ることを思えば、本当に安価だと私は思います。

さて、そんなフランチャイズオーナーの中でも、「すぐにやる人」と「後回しにする人」の間に大きな差が出てしまうことがあります。

例えば、チラシの作成に時間をかけて、肝心のポスティング量をさばけない人。

本人はこだわりを持ち、最良のチラシを配布したいと思っていても、回数を重ねなければ、お客様の記憶には残りません。作成にこだわり、スピードが落ちるくらいなら、あらかじめ用意してあるフォーマットを印刷して、より多くの人に配った方が集客率はアップします。

ブログも同じで、タイトルや本文にキーワードを埋め込もうと頭を悩ませ一週間かけて一記事をアップするよりも、多少、ぐちゃぐちゃでもいいから毎日アップした方が効果的です。

私がフランチャイズオーナーたちによく言うのが、「事業をはじめて3年で安定までもっていくなら、スピードを落とすな。こだわるな」という言葉です。

やらなくていいことに、時間を割く必要はありません。

それよりも7割の力でいいから、効果のあることをすぐにやればいいのです。

やるべきことの優先順位をきちんと付けて、すぐに実行する。それが成功の秘訣です。

話をよく聞く人は成功する、話を聞かない人は失敗する

現場を見ていると、お客様の話をよく聞いている人は、たくさんの仕事をもらっています。

逆に、職人気質の人は、自ら話したがる傾向があり、疎まれている様子が窺えます。例えば、お客様から聞かれてもいないのに、「ここはこうで、こんな風に汚れていたので、こうやって落としておきました」など、お客様はそんな話まったく望んでいないだろうに、一人でべらべらと話し続けます。

お客様はそんな話よりも、「依頼とは別に、ここの汚れが気になったのでサービスでやっておきました」といった一言の方が喜ぶのです。

私の場合、お掃除に着手する前に、必ずお客様にお聞きする言葉があります。

それは、「今日は何で頼んだんですか？」というセリフです。

そうすると大半のお客様が、「水垢が気になる」「臭いが気になる」「カビが気になる」など、具体的にどの場所の、何が気になるのかということを教えてくれます。

頼んだ理由がわかれば、あとは簡単。

例えば、キッチンの排水溝のカビが気になるお客様なら、排水溝のお掃除が終わった後に、「押し入れやお風呂場、洗面所のカビも気になるんじゃないですか？」と間口を広げることができます。

お掃除の仕事は、短くても2時間。長いときは6時間ほど在宅することもあります。

ですから、ご家族の様子が見えたり、場合によっては奥様がずっとリビングにいらっしゃったりして、色々なお話ができる場合があります。

人によっては、作業中もずっと話していることもあるほどです。

その間、奥様が語る夫の不満と同じか、それ以上の数の、お掃除ができそうな他の箇所を見つけることができるんです。

私のスタンスとして、お掃除業者はお客様の奴隷でいい、そう思い従事しています。

その方がお客様もきっと話しやすいでしょうし、私自身、何でも「はいはい」と聞き入れることができます。

そうすると、お客様は可愛いと思ってくださいますし、可愛い奴隷だからと、他の人に紹介してくれることもあります。

奴隷の美学ではありませんが、奴隷と思っていると、何でもできるんですよね。

それに、原点がそこだと、不思議なことに、積み重ねていくうちに奴隷であることへのプライドも出てくるんです。

そもそも奴隷でもいいと思えたのは、お客様へのおもてなしの心があったからでした。そんなおもてなしの心がお客様に喜ばれ、自分の行いは間違いではなかったという確信につながり、それがプライドになっていったのだと実感しました。

要は、格好つけるなということ。

お掃除ビジネスは、格好いい仕事ではありません。

最初は、掃除なんて底辺の仕事だと思って、スリッパだって靴だって、磨けと言われたものは全部磨く。そういう気持ちから入っていけば、自然と技術が身に付き、お掃除ビジネスが誇りある仕事だと実感できるときが訪れます。

現場ではとにかく話を聞く!

割合で言えば「3割話して、7割聞く耳を持つ」と、成功に導かれるでしょう。

マネする人は成功する、自己流の人は失敗する

お掃除ビジネスで成功したい。

でも、何から始めれば良いのかわからない……。もし、そのような悩みを抱いているなら、既に成功している人たちの真似をすると良いでしょう。

巷にあるお掃除会社の良いところを、うまく盗んでやっていけばいいと思います。

ただ、お掃除業者もさまざまですから、その会社が何を専門に請け負っているのか、はたまた、あなた自身がどんなお掃除に従事したいのかをハッキリとさせなければ、それこそ無駄足になりかねません。

ビル清掃を望むなら、ビル清掃専門の会社を。ハウスクリーニングに従事したいのであれば、ハウスクリーニングを多く受注している会社の良いところを学べばいいと思います。

しかし、そうしたつてもなく、本当の自己流で起業を考えているのであれば、おそうじ革命に加盟して、成功事例を学び起業を目指すことが、成功への近道だと私は思います。

なぜなら、うちには200人以上のフランチャイズオーナーを成功に導いたカリキュラムとアフターサービスがあるからです。

彼らが成功を収めたのは、素直に私たちの話に耳を傾け、実行に移したからです。

時には、ちょっと知識を得て現場に出たからと、すぐに〝自己流〟を出そうとするオーナーもいましたが、あっと言う間に業績は急降下。自分の間違えに気づくまで、そう時間はかかりませんでした。

初めてのことを成すのであれば、最初の1年間、長く見ても3年間は模倣でいいと思います。

それ以外の自己アレンジは、無駄になる可能性が高いからです。

この後、6章でご紹介しますが、お掃除道具には、いくつもの種類があります。

一時期、その全てをうまく使い分ければお掃除が効率的になるのではないかと、腰袋に何個も入れて作業していたことがありました。

しかし腰回りが重く、動きが悪くなるため、作業効率も下がり、いいことは一つもありませんでした。

結局、腰袋に入れて常備したい道具は3つで十分だということがわかりました。

それもこれも、お金をかけて道具を購入し、実践してみたから気付けたことです。

個人で起業して、私と同じ道を辿り、実体験から学び得ることを望むのであれば、それもいいのかもしれません。

けれど、既にわかっていることを遠回りして学ぶ必要が、どこにあるのでしょうか。その間にも、私たちはさらにその先を目指し、精進し続けます。それでは、いつまでも差は縮まりませんし、あなたのビジネスが成功を収めることはないのです。

成功したいなら、まずは徹底的に真似るところから始めることをおすすめします。

長期計画を立てる人は成功する、目先の利益を追う人は失敗する

3日、3週間、3カ月、3年……日本では「3」という数字を、何か特別な節目のある区切りとして使うことが多いですね。

「石の上にも三年」
「三つ子の魂百まで」
「早起きは三文の徳」
「三度目の正直」
「二度ある事は三度ある」

パッと思いついただけでも、これだけの諺がありました。
こう改めて読むと、それぞれ重みがあり、意味のある言葉に感じられます。
かくいう私も、3年は一つの区切りだと常々感じています。

というのも、私は毎年、3年未満の短期目標と、3年以降の長期計画を立てているからです。

短期目標は、必ず実現させる目標です。

一方、長期計画は、「こうなったらいいな」という願望も含んだ目標を意味します。3年という月日は、時代背景をも変える可能性が高いため、必ずしも自分の願いと時代がマッチするとは限りません。

私も社員には、物事を始めるときは、何事も目標を立ててから着手するよう伝えます。同様に、フランチャイズオーナーにも、目標設定の大切さを教えています。しかし、そこでよく勘違いするのが、「月収100万円を稼ぐ」といった数字だけの目標にとらわれてしまうことです。

ビジネスですから、お金を増やすことは当たり前です。

けれど、金額設定から入ると、目先の利益ばかり追うようになります。

それよりも、「毎日3件の現場をやろう」「技術を磨き、顧客を増やすためにも、例え安い単価でも引き受けよう」といったことを目標設定にしている人は、リピーターの定着率も高く、さほど営業活動をしなくても、お客様自身が新規の顧客を紹介してくださるといったミラクルが起こります。

起業したからと、右肩上がりに収益が伸びることは、まずないと思った方が良いでしょう。上がったり、下がったりを繰り返しながら、徐々に上昇していくのが私たちのビジネスです。

上がっているときは、何をしてもうまくいきます。

けれど、収益が下がってしまったときにあなたのモチベーションを保たせてくれるのが、長期計画です。

「仲間を増やし、法人化する」「自分の担当エリアを全部きれいにしたい！」実際に、こんな長期計画を持つ人もいますし、中には、「家族と毎月、海外旅行に行けるような稼ぎと仕組みを作る」「経済基盤をきちんと作り、親孝行と結婚をする」といった、プライベートを充実させることを目標に取り組んでいる人もいます。

あなたもお掃除ビジネスを志すのであれば、目先の利益に躍らされないことです。

顧客満足の人は成功する、単価優先の人は失敗する

私がお掃除ビジネスで成功したのは、「お客様を喜ばせたい」その一心で従事したことが大きいと思っています。

始めたばかりの頃は、利益など得られない安い仕事もたくさんありました。

それでも、お客様の笑顔や驚いた表情を見るたびに、「やって良かった」と心底思っていましたし、また依頼をいただければ、喜んでお伺いしたものです。

例え安くても、ずっと続けていくことで、お客様の方が「福井がいい」と指名くださるようになり、最終的には、「高いお金を払っても福井に頼みたい」とおっしゃってくださるようになりました。

お掃除ビジネスは、お客様の満足度が、直接返ってくる仕事です。

ですから、いかなる場合も手を抜いてはなりません。ちょっとでも気を緩め、手を抜けば、お客様にはすべてバレてしまうのです。

よくあるのが「安い仕事だし……」といって手を抜くといったことです。

そこで手を抜くと、次がありません。

最初はたった2万円のご依頼でも、丁寧にやれば、依頼金額はどんどん大きくなります。

実はドラッグストアでも、同じ手法を使っていることをご存知でしょうか。

ドラッグストアの店頭には、安い価格設定の商品がたくさん並んでいます。お菓子にしても、スーパーやコンビニよりも安値で売られていますね。お客様はそれを手に取り、店内商品へと目を向け、たくさんの買い物をすることになります。

フロント商品は安価でも、結果的には収益につながる……それは、お掃除ビジネスでも同じことが言えます。

まずは、実際にお掃除を安い金額で体験してもらうこと。

そして満足、感動してもらうことからお客様との信頼関係を育むものなのです。

以前、個人宅の清掃を依頼された際、いつものように「どうやってこのお客様を喜ばせよう」とあれこれ手を尽くしてみたところ、大変喜んでくださったお客様がいました。

するとお客様から、「君、掃除がものすごくうまいから、うちの会社の掃除もお願いできないかな？」と言ってくださったのです。私はよくわからないまま、「ありがとうございます」とお答えしたのですが、なんとその方は、全国に何百店もあるお店の社長だったのです。

お客様を驚かせることが私の仕事だと思っていましたが、このときばかりは、私が驚かされてしまいました。

お掃除ビジネスの面白いところは、このようなバックエンドが当然のように存在するところにもあると私は思います。

先ほどのように、単なる個人客でも、その先には法人のお客様がいるのかもしれません。それもこれも、目の前のお客様を全力で喜ばせる、その思いがあるからこそ繋がる縁だと私は思います。

謙虚な人は成功する、偉ぶる人は失敗する

起業をして経営者としての自覚が芽生えることは、とても良いことです。

しかし、起業をしたからと、「経営者」と呼ぶには、少し早いのではないでしょうか。起業とは、まだまだ創業期。まったく何もないところからのスタートです。

それなのに、何を勘違いしたのか、名ばかり「経営者」になった途端、虚勢を張ったり、あるいは余計なことをしてしまう人がいます。

高い家賃の事務所を借りたり、高級車を買ったり、高級時計を身に付けたり……。

そして、そうなる人の99・9％が、事業に失敗しています。

ハッキリ言いましょう。

お掃除ビジネスは、大きく儲かる仕事ではありません。

例えば、一人で作業した場合。

あまり頑張らなければ、月収40万円。

普通に頑張って、月収60万円。

そこそこ頑張って、月収80万円。

死ぬほど頑張って、やっと月収100万円です。

概算で1件2万円、1日2件依頼を受けたとして、週5日で20万円。それを4週間続けたとしたら、月収80万円です。

こんな単純な計算なのに、エクセルを使う必要はありますか?

また、「チラシを1000枚配ったので、データ分析をしてみました」と言ってきた人もいましたが、そんな時間があるなら、1枚でも多くチラシをまいた方が集客につながります。

私は一人で開業し、1人、2人と仲間を増やしていきましたが、スタッフ5人くらいまでは、収支を暗算で計算していました。

そして、6人目になった途端、暗算ができなくなったことをきっかけに、やっと経理について学び始めたのです。

そう、物事には、何事も段階があるのです。

冒頭でも言いましたが、起業時はまだまだ創業期。そんな「起業家」の段階では、技術を磨き、知識を得て、経験を積めばいいのです。

そして、一人では仕事が回らなくなり、仲間を増やして初めて「事業家」と呼べる段階に入るのではないでしょうか。

事業家は、いわば会社の成長期です。転がり始めた商売を、一人前の完成された事業まで育て上げ、継続して収益を創出する段階です。

そうした段階を経て、やがて「経営者」とステージを変えていくものだと私は考えています。

遠回りな言い方になりましたが、起業しても、謙虚さを忘れないこと。それが成功の秘訣です。

身だしなみが整っている人は成功する、汚い人は失敗する

あなたなら、身支度の調った清潔感溢れる人と、汚れの目立つ服を着ている人、そのどちらを自宅に招き入れたいですか？

『人は見た目が9割』なんて本もありましたが、ファーストインプレッションは重要です。身だしなみは、あなたの仕事に取り組む姿勢や誠実さ、ひいては品格をも表現します。

誰だって、汚い人は家に入れたくないですよね？

まして、自宅に招き入れることができるのは、家族や親しい友人くらいのものです。それくらいお客様は、自分のテリトリーを大事にされています。

そう思うと、私たちは、カバン一つ置くのにも気を遣います。

カバンの下にシートを置いたり、壁に寄りかからないよう注意したり、細心の注意を払いお客様の自宅に上がらせていただきます。

他にも、女性の一人暮らし、あるいは自宅に一人しかいらっしゃらない場合は、「玄関を開

けたままにした方がよろしいですか?」とたずねることもあります。

こういったマナーは、やり過ぎなくらいがちょうどよいのです。

制服がキレイで、髪型や爪も整えてあり、道具も目立った汚れなくきちんと揃えられていたら、「さすがお掃除屋さん、身の回りもキレイにしているんだな」と思ってくださるはずです。

もしかすると、そういう私たちの努力に、お客様は気づいてくださらないかもしれません。

しかし、万が一、制服が汚れていたり、靴下に穴が開いていたりといった落ち度を発見すれば、すぐさまお客様は反応し、良い印象は抱かないでしょう。

だからこそ、念には念を入れて、私たちは身支度を調えているのです。そして、そういう志をいつまでも持ち続けている人が、成功を収めています。

一生懸命お掃除をするのですから、作業すれば、汗をかいたり、汚れたりするのは当たり前です。

それでもキレイでいるために、制服は最低でも月に一回はクリーニングします。人によっては、ズボンの折り目のラインにまで気を配り、毎回、アイロンをかけている作業員もいるほどです。

また、いつ汚れてもいいように、制服や靴下は常にワンセット余分に常備。夏場は多めに着替えを用意しますし、汗ふきシートや制汗剤も欠かせません。

もし、洗濯しても汚れが落ちなかった場合は、空室清掃用として、あるいは汚れがちなレンジフード清掃の際に着用すれば良いのです。

身だしなみ一つでお客様の心を掴めるなら、安いものです。

靴もできるだけ白いものを新調し、汚れたらすぐに履き替えられるような安物を履き続けています。

白色は、クリーンなイメージがあるのでお勧めです。

身だしなみを整える。

とても初歩的なことですが、こうした小さなことを怠ってしまう人は、仕事も怠るものです。

提案する人は成功する、押し売りする人は失敗する

提案と押し売りは、まったく違うものです。

提案と押し売り、似て異なる意味を持ちますが、一体どこで差が出てしまうのか……。私なりに、考えてみた結果、ヒアリングなしに提案をするから、押し売りになってしまうのではないでしょうか。

私はいつも、お客様のお宅に上がらせてもらったら、「今日は何で頼んでくださったのですか？」と、お伺いします。

お客様には、必ず依頼した理由があります。

ですから、その理由さえ聞き出せればこっちのものです。

例えば、お客様が浴室清掃を頼まれたとします。

私：「浴室のどの部分が特に気になりますか？」

お客様：「カビ臭いのが気になるんです」

私：「カビが気になっているなら、もしかすると、キッチン周りもじゃないですか？　シンクの隅っこや下の収納スペース、食品庫の中など、カビが出現しやすい箇所ですよね」。
お客様：「確かにありますね！」
私：「もしお時間と予算に余裕があるなら、今ならセット価格で対応しますが」
お客様：「セット価格で？　せっかくだし、お願いしようかな」
私：「ありがとうございます！」

と、こんな風に、お客様の要望からヒントを得てご提案することができます。
それなのに、しっかりヒアリングせず提案すると、トンチンカンな会話になります。

私：「浴室のどの部分が特に気になりますか？」
お客様：「カビ臭いのが気になるんです」
私：「わかりました。その他に、気になるところはありませんか？」
お客様：「そう言われても、今気になっているのはお風呂だけです」
私：「そうだ！　キッチンのレンジフードとか、お掃除していますか？　結構、気づかずに汚れたまま使っている方が多いんですよね。せっかくですから、一緒に作業しちゃいましょうか？」

お客様：「結構です！　お風呂場だけお願いします」

私：「今ならセール価格でお掃除できますよ？」

お客様：「早くお風呂場だけ掃除してください！」

と、お客様の要望をガン無視して自分の要望を一方的に伝える提案こそ、押し売りと言われる行為ではないでしょうか。

しかも、お客様は一度お断りしているのにも関わらず、再度チャレンジするなんて、どんどんお客様の心が離れていきますよね。

きちんとお客様のニーズを聞き出してから提案する。

それさえ心がけていれば、お掃除ビジネスには至るところにネクストチャンスが転がっています。

感謝する人は成功する、グチる人は失敗する

感謝する人とグチばかりの人。

どちらに人が集まるかと言えば、当然、感謝できる人です。

とはいえ、私も最初から感謝できる人間だったかと言えば、決してそうではありません。

あれは、社員を2～3人雇い始めた頃でした。

1人では仕事が回らなくなり、チームで動き始めたのも束の間、予想に反し、潤沢に売上が上がらなかった時期がありました。

集客営業をすれば、現場が足りなくなり、現場だけに翻弄されてしまうと、営業に手が回らず……。給料を払ったら、手元に自分の生活費が残らないなんて月もありました。

そんな時に、一本の電話が入りました。

その人は、半年くらい前に伺ったお客様のお宅の前で、エアコン清掃をしていた時に、たまたま通りかかった近所の方でした。

出したのです。

「君、何してるの？」とたずねられたので、手を止めて、「こういう者です」と名刺を差し出したのです。

そうしたやり取りを説明されて、「実はうちでもお掃除を頼みたいんだけど」と言われ、「あの時の人だ！」と、とっさに思い出した私は、電話越しにも関わらず、深々と頭を下げていました。

この仕事をしていると、喜びや感動を覚える出来事は幾度もありますが、あのときほど心から感謝の気持ちが芽生えたことは、ないかもしれません。

その時、窮地に追い込まれたからこそ、私は感謝の気持ちを学べたのかもしれません。

以来、仕事をいただけるのはもちろん、お掃除をして達成感を得たり、お客様に感動していただけたりするだけでも、感謝の気持ちが抱けるようになりました。

類は友を呼ぶと言われるように、愚痴ばかりこぼしている人には、同じようにグチグチ、何でも他人のせいにするような人が集まります。

しかし、ささいなことにも感謝できる人の周りには、「ありがとう」という言葉や笑顔がたくさん溢れています。

人と人なので、確かに相性はあります。

けれど、定期的に依頼をいただけるお客様の多くが感謝ができる人であり、知人や友人にもつなげてくださる方ばかりです。

そして、ご紹介いただき伺ったその知人やご友人も、本当にみなさん素敵な方ばかりです。

お掃除を通じて色々な縁をいただけることも、このお仕事をしていて良かったと思える瞬間です。

起業したら、愚痴などこぼす暇はありません。愚痴が出始めたら、失敗に導かれると思うくらい自分を律して、愚痴が出ないよう意識した方が良いでしょう。

時として、愚痴をこぼしてしまったとしても、「今、愚痴を言ってしまったな」と、自身で気が付くことが大切です。

この〝気づき〟も、経営者として成功するには大切な要素になります。

ＩＴに強い人は成功する、弱い人は失敗する

お掃除ビジネスは、サービス業です。そして、サービス業の中でも、出張業に属します。学歴も年齢も性別も関係なく、無店舗で簡単に始められる事業です。

しかし、掃除ができることを周知しなければ、仕事は来ません。

そこで必要になるのが、発信する作業です。

今の時代、チラシをポスティングするだけでは集客は見込めません。チラシを投函しながら、並行してＷｅｂ集客をする必要があります。

Ｗｅｂ集客を学んでこそ、新規の顧客獲得への道が開けるからです。

「お掃除事業なのに、Ｗｅｂ知識が必要なの?」

と、思われる方もいるようですが、そんなに難しいことではありません。

スマートフォンが扱える人であれば、それほど苦労せずにすんなりと始められるでしょう。

逆に、「ＩＴは得意だけど、体力には自信がない」。

なんて不安に感じている人こそ、このお仕事に向いているかもしれません。

なぜなら、Ｗｅｂに強い人ほど営業ツールになりますし、実際のところお掃除ビジネスに必要なのは、体力よりも気力、根気だからです。

また、「お掃除は職人と同じ」と、考えている人は、ちょっと思考を変えなければなりません。工事現場や左官業といった職種のように、「仕事さえできればいい」という考えでは、ビジネスは成り立たないからです。

おそうじ革命のフランチャイズに加盟すれば、Ｗｅｂ集客の研修もしっかり行います。過去には、研修当日に「ガラケーからスマートフォンに替えてきました！」と、ゼロからスタートする方もおられましたが、今ではすっかりマスターし、営業ツールとしてうまく活用されています。起業後も、何かわからないことがあれば、すぐに弊社のＷｅｂチームが対応します。フランチャイズオーナーには、「それが理由でおそうじ革命を選んだ」と言っているオーナーもいらっしゃいました。

掃除ができることを世界中の人に発信するテクニックさえつかめば、あなたのビジネスは成功します。一番、望ましくないのは、「自分はインターネットに疎いから」、「営業は足で稼ぐもんだ」と、自ら顧客獲得の販路を断ってしまうことです。

今の時代、Ｗｅｂ集客は必須です。必要最小限でいいので、学ぶ姿勢がとても大事です。

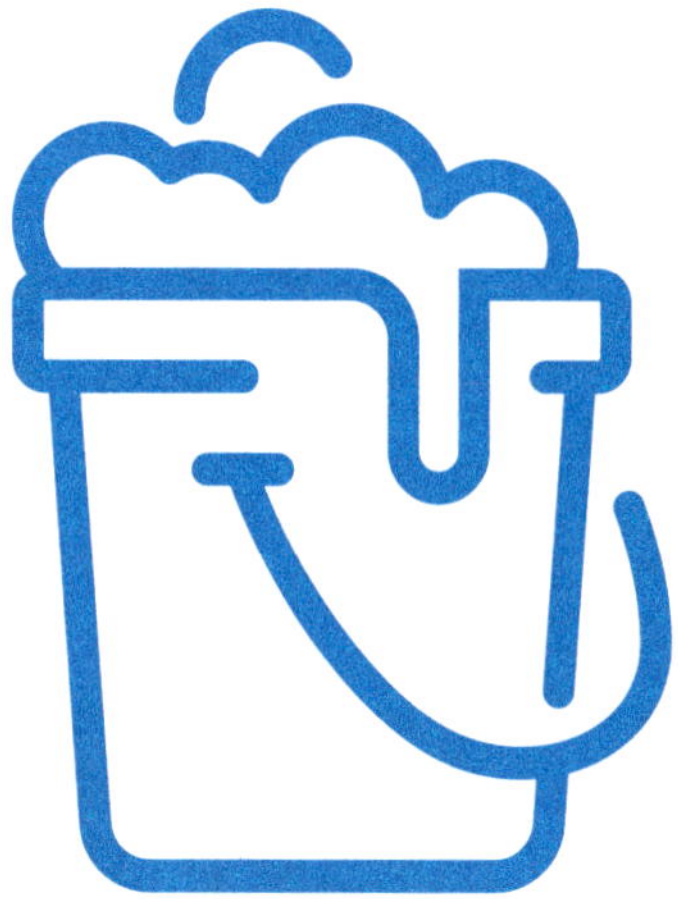

5章
お客さん集めからリピーター作りまで教えます

集客の3種の神器、チラシ・インターネット広告・SNS発信

お掃除ビジネスを始めた人が一番最初に当たる壁、それが「集客」です。

なぜ多くの人は集客がうまくいかないのでしょうか？

その理由は、「たったひとつのメディアでしか告知しない」からです。

例えば、インターネット広告ばかり、あるいはチラシばかりといった具合に単一のメディアに偏ると失敗します。

ひとつのメディアで集客を試し、たまたまうまくいった人ほど危険です。

偶然うまくいっただけなのに、その広告に固執して、それ以上の研究・改善を試みないのです。

ほとんど集客できないのに、ずっと同じ広告手法で、1年間も2年間もやり続けて赤字になるケースもあります。

お掃除ビジネスは出張ビジネスですから、店舗は必要ありません。

ですから、あらゆる手段を使って、告知活動をしなくてはなりません。

そこでお勧めしたいのが「メディアミックス・マーケティング」です。

これは、チラシとインターネット広告と、ＳＮＳ発信を継続的に行う方法です。

お金を払って行うインターネット広告は、すぐに反響があります。（Facebook広告、リスティング広告などです）チラシも然りです。

しかし、ここはあえて、Facebookやブログ、ツイッター、インスタグラム、ＬＩＮＥ、リンクドインなどのＳＮＳで情報を発信してください。

これらは、すべて無料で発信できるメディアです。

ＳＮＳの場合、反応が出始めるのが約1年後です。

こまめにブログを更新したり、ツイッターにアップしたり、Facebookに掲出することで「検索キーワード」に引っかかるようになるのです。

「無料の情報発信」をやっている人は、1年後からどんどん問い合わせが増え始めます。

お客様に認知させることで、1年後、利益に大きな差が生じます。

逆に、手間隙かけず、何も発信してない人は、ずっとお金のかかる広告をやり続けないといけません。これでは、いつまで経っても「骨折り損のくたびれ儲け」です。

ＳＮＳで告知する場合、あるルールを守る必要があります。

それは「しっかり書く」ということです。

たとえば、グーグル社は、「読み応えのあるお役立ち記事」が検索時に優先的に上位表示されるようなルールを設けています。

ですから「読者の役に立つ記事」を丁寧に書くことが大切になります。地道に書き続けることによって、どんどんインターネット上の認知度と信頼が高まってゆくのです。

たとえば当社の場合は、ホームページのアクセスが月間10万PVあります。

そのうち、3万PVはブログです。

各店舗のオーナーが8年間も続けて書いていることもあり、ユーザーやフランチャイズオーナーからの検索によりたくさん読まれています。ブログを頻繁にアップすることにより、心無い誹謗中傷、悪評なども、検索結果として上がってこなくなるという利点もあります。

ブログを中心にFacebook、ツイッター、インスタグラム、LINEなどのSNSを活用し、顧客の目に何度も触れるようにするのがポイントです。

そのうえでチラシのポスト投函、インターネットのリスティング広告、さらには飛び込み営業を実施すれば、集客に苦労することはなくなります。

潜在顧客のハートをつかむ笑顔チラシの作り方

どうしたら潜在顧客のハートをつかむチラシが作れるのか。

その決め手は、写真にあります。

「汚れ、気になりませんか？　お掃除なら何でも致します！　お気軽にご連絡ください」

そんな文字だけのチラシに、あなたは連絡をしてみようと思いますか？

たとえお掃除をしてもらいたいという要望は抱いていても、一体どんな人が来てくれるのか。連絡をしてみようとはなかなか思えないはずです。

しかし、チラシに顔写真があればどうでしょうか。

「この人に頼みたい！」とまでは思わなくても、「この人がお掃除をしてくれるのか」と、判断材料の一つにはなりますね。

潜在顧客のハートをつかむチラシ作りとは、歯を見せるくらい爽やかな、くしゃっとした笑顔の写真を掲載することにあります。

お客様が写真を見て、「この人なら自宅に招いても大丈夫」と思える、清潔感を抱かせる爽やかな印象のものが望ましいでしょう。

また、掲載写真は随時更新し、3カ月を目安に最新のものに差し替えていくことをおすすめします。そうすれば、実際にお宅に伺ったときとのギャップがありませんし、何度かチラシを手にしたお客様には、そのマメさが好印象につながることもあるからです。

その他にも、ブログやSNSなど、あなたの普段の仕事ぶりをアピールできるURLを一つは掲載してください。もちろん、小まめにアップしていることが条件になりますが、お掃除をしている写真やお客様とのエピソードといった情報が掲載されていると、チラシをご覧になった潜在顧客の方も親近感を抱きやすくなります。

SNSに載せる写真も画像がキレイなものの方が、反応が良いです。

写真を撮るときに解像度を上げたり、お掃除のビフォー・アフターを収めたりと、ちょっとした工夫を凝らすことが大切です。

新規ユーザーが知りたいのは、来てくれる人（お掃除マン）の情報です。ですから、チラシにはお客様が求める安心できる情報をきちんと載せてあげることでしょう。

お客様は、お金を払いお掃除を依頼してくださるのです。「清潔感溢れるこの人なら大丈夫だろう」と思ってくださるチラシ作りをぜひ心がけてみてください。

ホームページは検索キーワードとページボリュームが決め手

ＨＰを作っただけでは、誰も見てくれないと思った方が良いでしょう。

検索してくる人や、あなたが周知した人は、見に来てくれる可能性があります。けれど、それ以外の人はＨＰに辿り着かないため、ＨＰからの集客は見込めません。

インターネットで検索すれば、ＨＰの作り方はいくらでも載っています。

中には、集客が見込めるＨＰの作り方を無料で公開しているサイトもあるでしょう。

しかし、起業時と言えば、お掃除の知識を得、多くの現場を経験して技術を高める時期です。

そんな中、集客にはＨＰが必要だからと時間を割いていては、現場作業に支障が出るのは言うまでもありません。

インターネットは使えても、システムにはあまり強くないという場合は、プロの手を借りるというのも一つの方法です。

おそうじ革命のフランチャイズオーナーに加盟すれば、本部にＷｅｂマーケティング専門の部署がありますから、システム周りのことはすべて任せられます。

集客できるＨＰの提供、名刺代わりにもなるＨＰの作成の仕方、ＳＥＯ対策やセキュリティー面でも万全の体制でバックアップしてくれます。

加盟するだけで、世界中の人たちに届くＨＰが完成します。

ただ、ブログの更新は各自行う作業になりますので、Ｗｅｂマーケティング部から指示のある通りのキーワードを差し込むなど、ちょっとしたテクニックは必要です。

研修にもＷｅｂマーケティングの口座が組み込まれているので、初心者でも大丈夫。

開業後も、何かあればすぐに対応できる準備が整っていますので、お気軽に相談することができます。

最初の頃は、ブログの更新に戸惑うかもしれません。

しかし、毎日続けていれば、休憩中など、隙間時間を利用して行うこともできます。

スタート時は、下手でもいいので質よりも量で勝負してください。

今日はどこで、どんな作業をしたのか。

ビフォー・アフターの写真を掲載しておけば、自分にとっての記録にもなります。

また、本部のＨＰはじめ、全国に２００名以上いるフランチャイズオーナーたちのＨＰとも連携していますから、他のオーナーのＨＰを見た後に、あなたのＨＰに飛んでくるといったケースもあり得ます。

ここまでの話で、少しでも首をかしげるような箇所があったとしたら、自分でＨＰを作るのは難しいと判断してもいいかもしれません。

インターネットの知識があるに越したことはありません。

けれど、お掃除ビジネスで起業し、これからＷｅｂについても学ぶというのであれば、お掃除の技術を磨いた方が、リピーターにもつながりビジネスとしてはうまくいきやすいでしょう。

何でも自分で行うという姿勢は大切ですが、得意なことを磨き、不得手なことは誰かに頼む……そうすることも、成功には欠かせません。

集客が見込めるＨＰで、どんどんあなたを売り込んでいきましょう。

電話営業は「時間帯」が9割

お掃除ビジネスの顧客集客法として、チラシ、HP、ブログの他に、電話営業があります。通称〝テレアポ〟と呼ばれる営業方法です。

人は慣れ親しんだ相手からの着信には好反応を示すもの。しかし、見知らぬ人からの電話営業となれば、戸惑いを抱かない方が、不思議です。

知らない営業マンからの突然の電話に、聞く耳、聞く姿勢を持つ人など、まずいません。

「こんな時間に一体誰だよ」

「今は忙しいんだけどな」

「早く用件を話してくれないかな」

……なんて思う方は、決して少なくないはずです。

そう、電話を受ける側の気持ちなど、そのようなものなのです。

多くの方が、見知らぬ営業マンに対しては、否定的な受け取り方をしがちかと思います。

そうした心理状況の中でも、顧客の心をつかむテレアポ方法はあります。

それは、お客様にとって都合の良い時間帯を選んで電話をかけることです。

例えば、飲食店であれば、ランチ後のお客様が減る時間や、休憩に入る時間が狙い目です。

私の経験では、15時前後がベストタイムだと感じています。

14時半では、まだ片付けが残っている可能性があります。

16時では、昼寝をしている人も多いです。

また、17時からは夜の仕込みや準備で忙しくなるからです。

美容院であれば、閉店後がおすすめです。

美容師さんは営業後に若手の練習があったり、勉強会をしたりという店舗がほとんどですから、閉店時間の少し後に電話をかかると話を聞いてもらいやすくなります。

このように、業種別に傾向をつかみ、できるだけ話を聞いてもらえる時間帯を選ぶことが、電話営業を成功させる秘訣です。

やみくもに手当たり次第電話を入れれば成果が上がるものではありません。

事前にHP等で営業先について情報を得たり、

「今日はクリニックを中心に営業してみよう!」など目標を決めて、
業種別にテレアポをしてみたりと、いかに効率良く営業をかけるかが大切です。

もし、電話で断られても、「ご飯を食べに来ました」など、食事も兼ねて直接、お伺いしてしまうのもテクニックの一つです。

おそうじ革命のフランチャイズオーナー研修では、テレアポの講習もあります。

この講義を受けた後は、すぐにでもテレアポを実践してみたくなる、そんな内容です。

つまりテレアポの技術があれば、起業前から営業をかけておき、ある程度の件数を獲得することも可能でしょう。

依頼を受けてしまったら、後には引けませんね。

それをきっかけに、より起業への覚悟が固まるかもしれませんよ？

成功する営業トークを真似する

「営業って苦手だな」と思うのは、話がうまくなる必要があると勘違いしてしまうからです。確かに営業では、自分から話題を振り、きっかけ作りをする必要があります。

しかし、営業の極意は、「相手にしゃべらせる」ことにあるのです。

すなわち、営業が苦手という人は、話のきっかけとなる「話題作りがうまい人」を真似てみれば良いのです。お掃除ビジネスで言えば、依頼が殺到している人に付けば、お客様がしゃべりたくなる営業トークが学べるでしょう。

このとき、一言一句全てまねて、完璧にコピーしようとする人もいますが、本人のキャラクターもあるため、必ずしも同じトークをすれば良いわけではありません。

話のポイントや間を掴んで、それをいかに自分らしく、ものにしていくか……それが営業トークを身に付けるコツです。

とはいえ、それは場数をこなして身に付くものですから、初めの頃は、ありとあらゆるタイプの人気お掃除マンと一緒に行動してみるといいと思います。

個人的に私が気を付けていたのが、全部ポジティブな返答をするということ。

普通なら、「これは無理ではないか?」という案件でも、

「やれます!」と即答すれば、お客様も安心して任せてくださいます。

また、営業トークが身に付いてからは、飛び込み営業に対しても抵抗感がなくなりました。

たまたま入った飲食店でも、職業病か、ついエアコンの吹き出し口やトイレをチェックしてしまう癖があります。

そこで汚れやカビを発見した場合、店主に耳打ちをすることも。すると店主は、他のお客様には知られたくないため、即決で「お願いしようかな」と返答くださいます。

何だか相手の弱味を握った営業トークのようにも感じられますが、掃除の成果を見れば、いつも納得していただけます。

その多くはリピートにつながるため、これまでトラブルになったことは一度もありません。

おそうじ革命のフランチャイズオーナーには、優秀な営業マンがたくさんいます。研修でも基本的な営業トークの講義はしていますが、お客様の話を聞き出すのがうまいフランチャイズオーナーと一緒に実地で学べるシステムがあるのは、弊社の強みです。

真似るときは徹底的に真似る! それが成功営業トークを学び、身に付ける最良の道です。

ポスティングは週1で最低7回、1万世帯に必ず撒く

まだ、個人で仕事をしていたとき、新聞屋さんにチラシを入れてほしいとお願いしたことがありました。

そのときに、どうしたらお客様の印象に残るチラシが作れるのか、営業所の方に思い切って相談しました。

すると新聞屋さんから、こんなアドバイスをいただきました。

――人は最低でも、7回同じチラシを目にしなければ印象に残らない。

この話を聞いて、正直「7回も？」と思いましたが、とても説得力があったことを覚えています。

同時に、やはり何でもその道のプロに聞いてしまうのが一番手っ取り早く、正確で有効な情報を手に入れる秘訣だと感じました。

さっそく私は新聞屋さんに、4週間連続でチラシを入れてもらうようお願いしました。

そして、それまでのようにやみくもにチラシを入れるのはやめて、より効率的なチラシの配り方を考案しました。

それは、セグメントをかける方法です。

自分の担当地域を、一般家庭、商店街、高齢者が多い地域、高級住宅街と4分割し、その地域のニーズに合いそうなチラシを配るようにしました。

もちろん、そのチラシも一回では周知できないのは当たり前ですから、根気強く、何回もポスティングします。

すると、数カ月も経たないうちに効果が現れました。

たかだかチラシだと私も思っていましたが、いざ生活者の身になり考えてみると、自分もいかに多くのチラシをゴミ箱に入れてきたことか……。妻の行動を見て参考になったのは、帰宅時にポストに入っているチラシは、かなりの高確率でゴミ箱行きになるということです。

即ゴミ箱行きとならないチラシ配布時間は、夜中です。

夜中のうちにポスティングされたチラシは、朝刊と一緒に家の中に入れてもらえる可能性が非常に高いからです。

加えてSNSなどで、

「明日この地域にお得なサービスが掲載されたチラシを巻きます」

と告知することによって、実際に依頼が増加したという結果から、いかにこの方法が有効であるかが実証されました。

このように、どこに行ってもあなたのお掃除ビジネスが目に付くようなチラシのまき方が、一番効果を発揮します。

起業したばかりの頃は、最低でも１カ月１万枚はチラシをまくと、何らかの反応が得られることを私は保証します。

「現場」と「営業」が9割空いた時間は寝る

起業は甘いものではない。そうした印象から、起業したばかりの頃は、寝る時間も取れないのではないか……なんて想像する人もいますが、そんなことは決してありません。

朝9時から18時までみっちり働けば、プライベートの時間も睡眠もしっかり取れます。

とはいえ、起業当時はリピーターがいないため、最初の1年だけは、営業に精を出す必要があります。

お掃除ビジネスは、リピート商売です。

おそうじ革命のフランチャイズオーナーの場合、1年目に新規顧客の依頼をたくさん受け、2年目にその70%がリピーターとして定着、残り30%は新規顧客になります。そして3年目になると、リピーターの比率は90%になり、残り10%が新規顧客という図式です。

もうお気づきでしょうか。1年目にしっかり営業をしてリピーターを定着させれば、その後は新規顧客の集客が不要になるのです。

集客の必要がないということは、販促費や広告費といった経費もなくなります。

つまり、収益がまるまる利益となるのです。ですから、1年目はとにかく集客に力を注いでください。そして、依頼を受けた仕事は、全身全霊で取り組む。その繰り返しです。

新規集客方法には、チラシのポスティングとテレアポ、SNSの投稿とブログがありますが、1年間は休まず全て続けることが大切です。

どんなに疲れていても、帰り際にポスティングをしたり、空いた時間を利用して、SNSやブログの投稿をするだけでいいのです。そうやってコツコツと積み重ねた努力が、1年後には必ず大きな花を咲かせ、納得の結果につながります。

時おり、起業して経営者になったからと、事業計画を立てたり、経理面に力を入れたりする人がいます。しかし、そんな時間があるなら、現場で技術力を高め、新規顧客を獲得するための営業にあてた方が、よほど自分のためになります。

1年目は、仕事の9割を「現場」と「営業」に使い、残り1割で、その他の作業を成すくらいの気持ちで取り組みましょう。それでも睡眠時間やプライベートの時間はちゃんと確保できます。

何度も言いますが、継続は力なりです。

たった1年、がむしゃらに働けば実を結ぶ努力なら、乗り越えられそうな気がしませんか？

新聞の折り込みはあえてのB4チラシ

前々項にあたる「ポスティングは週1で最低7回、1万世帯に必ず撒く」で、新聞屋さんからアドバイスを頂戴したと書きましたが、実はもう1つ、アドバイスをもらいました。

それは、新聞に折り込みチラシを挟む場合、B4サイズの広告にすると、半分に折り、その間にその他のA4のチラシを束ねる役割ができると言うのです。

外側に表紙のような形で折り込めれば、内側のチラシよりも目立ちます。手にした人が意識的に見るかは別として、通常のチラシよりも確実に目に入る機会が得られます。

だいたい、A4サイズのチラシを5000枚作成すると2万円くらい費用がかかるので、B4ですと、その1・5倍の3万円でしょうか。サイズが大きくなる分、A4でチラシを作るよりも、多少、値段は張りますが、効果は絶大です。

通常よりも、たった1万円の出費で数件でも依頼が入れば、すぐにお釣りがくるでしょう。

例え最終的にそのチラシが捨てられても、目にせず捨てられるよりはマシです。

新聞屋さんにこのことを聞いてから、あらゆる新聞社にチラシを持って交渉にいきました。時には無料でチラシを入れてもらい、受注がきたら売上の20％を渡すといった約束を交わしたこともあります。仲介業者を入れるとそこでまた費用がかかりますから、お互いにとってもメリットだったのでしょう。週末が近づくと、チラシに印鑑を押してナンバリングをして、各営業所に持っていきました。

こうした作業も、起業時ならではの話です。

リピーターが定着すれば、こういった営業活動は減っていきます。

逆に言うと、最初にこうした作業をするからこそ、後が楽になると感じられるのかもしれません。

世の中的にも新聞を購入している人は減っているようですが、逆に新聞をきちんと読む人が購入し続けているという現実もあります。

しかも、新聞を読む時間とお金に余裕のある人たちであることは、暗に想像できますね。どこに転がっているかわからないビジネスチャンスです。

同じ新聞にチラシを入れるなら、Ｂ４サイズで折り込むというこの手法はぜひ活用したいところです。

毎日ブログを更新した人が勝つ！

どんなに忙しくても、疲れていても、ブログの更新だけは必ず続けてください。

最初は何の効果も発揮せず、反応もないため、「本当にブログを書いて意味があるのか？」と思うかもしれません。

それでも、コツコツと続けることで、徐々に効果を発揮してきます。

おそうじ革命のフランチャイズオーナー研修では、どういったキーワードが検索されやすいか、ＳＥＯの基礎から教えるＷｅｂマーケティング講座もあります。

しかし、そこで知識を得ても、それを実践するかしないかで、その後大きな変化が現れます。

こちらとしては、集客するためのテクニックを伝授させていただいていますが、起業するオーナーに対して「絶対にやりなさい！」と強制し、管理するようなことはありません。

結果、個々のやる気次第になるのです。

しかし、これだけは言えます。

毎日ブログを書き続けている人は、着実にその成果を発揮しています。

特に、繁忙期になると、「ブログを見て連絡しました」という依頼が毎日のように入ってくることがあります。


最初の頃は、キーワードを意識して書くのは難しいかもしれません。

だからと言って、1本のブログを作成するのに何時間もかけたり、途中で断念したりするくらいなら、自分が思うように書いて更新した方が、よっぽどマシです。

文字数も、1500文字以上がいいとか、5000文字以上がいいとか、Webの世界は移り変わりが早く、絶えず情報も交差しています。

けれど、2018年秋の時点で発表された大手SEO企業のセミナーでは、文字制限はなく、キーワードに沿った内容のものが、SEOの順位が上がるとされているそうです。

また、状況がきちんと伝わるようなキレイな画像を添付するといった努力も大切です。

慣れてくれば、自然とキーワードも入れられるようになりますし、ボリュームもそれなりに増えていきます。何より、読み手のことを意識した文章の作成も身に付いていくものです。

どうしても文章が思いつかないときは、次の中からテーマを選んでもいいかもしれません。

①その日の仕事内容を before & after の画像付きで執筆する
②お掃除のお役立ち情報やノウハウを載せる
③食事やプライベートのこと

③は日ごろから食事の写真などを撮り溜めておき、どうしてもネタがないときに使用するためのもの。プライベートを小出しにすることで、どんな人がお掃除をするのか、人と成りが伝わるという意味では、適度にお伝えするのもおすすめです。

①と②に関しては、毎日お掃除をしていれば書けるネタです。例えエアコン清掃が続いても、「この人はこれだけの数のエアコン掃除をしているんだから頼めば安心だ！」と思ってもらえるかもしれません。

ブログは毎日の作業の一つとして、ぜひ継続して取り組んでみてください。

初回依頼者には必ずお礼状を書く

これは私が起業当時から続けていることですが、初めてのお客様には、必ず手書きでお礼状を書くようにしています。

その目的は2つあります。

1つは、お掃除を依頼してくださったことへの感謝の気持ちを伝えたいから。

もう1つは、「お客様のことをちゃんと覚えていますよ」とお伝えると共に、「お客様の記憶にも残っていて欲しい」という願いを込めて、お送りしています。

そのヒントを得たのは、とある飲食店に食事をしに行ったことがきっかけでした。

そのお店には2回目の来店でしたが、店員から、

「福井様、いらっしゃいませ。前回は〇〇〇をご注文くださいましたね」と声をかけられました。

私は、たった1度しか来店していないのに、自分のことを覚えてもらえていることがこん

なにも嬉しいことかと、とても感動しました。

以後、お客様とのやり取りをしっかり記憶し、家族構成や訪問時に気づいた点など、お互いにしかわからないエピソードなどもそのハガキには記入するようになりました。

お礼状を出すタイミングは、早ければ早いほど良いと思いますが、依頼を受けてから一週間以内、遅くとも二週間以内には出すようにしています。

そして、一年後にもう一度、同じお客様にハガキを出すようにしています。

それは、一度でもお宅に上がらせていただいたという接点を切らない努力を続けたいと願っているからです。

フランチャイズオーナーによっては、年賀状でご挨拶をしたり、キャンペーンに合わせてハガキをお送りしたりする場合もあるようです。

内容も、顔を思い出してもらうために顔写真付きのものを作成するなど、個々で工夫を凝らしたハガキを作成しています。

おそうじ革命のフランチャイズオーナーになれば、ハガキのフォーマットを数種類、提供させていただいています。

自分からゼロから作成するのは難しい人でも、そのデータをハガキに印字して、一言、二言でも自筆で感謝の気持ちを書き加えれば、心のこもったお礼状が完成します。

あらかじめハガキに印字しておけば、お客様の住所を記載し一言綴っても、わずか5分程度でお礼状は完成します。

1日にできる現場も2～3件がいいところですから、ハガキの作成もたったの15分程度で終わります。

ブログ同様、ハガキも1日の作業に組み込んでしまうといいかもしれません。

心を込めて書いた1枚のはがきが、お客様の記憶と心をつなぎとめる役割を担ってくれます。

小さな気遣いが最大の武器！持参スリッパは常に清潔に

私たちの仕事は、お客様のプライベートゾーンに入りお掃除をすることです。

仕事とは言え、他人様のご自宅に上がらせていただくのですから、いつも以上の気づかいと準備が必要です。

お客様だって、見知らぬ人に自分の生活をさらすことになるのですから、それなりに警戒心を抱いていることは、暗に想像が付きます。そうした中、私たちはどんな準備をしていけばいいのかを、ここではお話ししたいと思います。

お客様の自宅に到着し、まず行うのは、清掃に必要な道具をひとまとめにすること。

そして、インターフォンを押す前に、笑顔を作ります。爽やかな第一印象を与えるためにも、笑顔の練習をしてからインターフォンを押しましょう。

そう、インターフォンを押す前から、既に接客は始まっているのです。

玄関が開き、自宅に促されたら、自前のスリッパを出しましょう。もちろんそのスリッパは、新品同様、キレイなものに限ります。毎回、一つの現場が終わるごとに、スリッパの裏も洗剤できれいにしてから次の現場に臨みます。

靴を脱いだら、靴の向きを直しきちんと揃えます。その際は、玄関に杖や手すりがないか、確認しましょう。もし、杖や手すりがある場合は、高齢者や足の不自由な方がいることが想定できます。そうしたことも考慮して、靴を揃えるのです。

もし、お客様の靴も玄関に置いてあるようなら、その靴も丁寧に揃えましょう。

室内に入り、ビジネスバッグや掃除用具を床に置く際は、風呂敷やシートを置いて、壁に倒れ掛かったりしないよう、垂直に置きます。

ささいなことですが、スリッパを持参するのも、物を置く際も、お客様のテリトリーを1㎜たりとも汚さないことを意識しての行動です。

そうした心配りは、至るところに必要になるでしょう。

また、掃除を開始しても、お客様の目があることは、常に忘れてはなりません。

それはまるで、飲食店のオープンキッチンにも似た光景です。どんな風に料理を作るのか、使った器具は大切にしているのか、整理整頓がなされているか、そんな風に私たちがお掃除をする様を、お客様は隈なく見つめています。

ドア一つ占める姿も逃しません。ドアを閉めるときは、両手でそっと閉めましょう。

同じ部屋にいないからと気を抜かず、いつでも視線を感じながら、動作や音には特に注意してください。

もし、お掃除中にお客様の電話が鳴ったら、すぐさまその手を止めてください。掃除機など、もってのほか。再開時も、お客様に「作業を再開してもよろしいですか？」と確認した方が無難です。

私たちにとっては、お掃除中に発する音は、出てしまうのが当たり前かもしれません。叩く音、削る音、お掃除をしていれば、当然、鳴り響く音です。

しかし、お客様にとってそれは、非日常の雑音でしかないのです。

ですから、どんなにささいな音でも出てしまいそうなときは、必ずお客様に確認しましょう。もしも意図せず音を発してしまったり、物を落としてしまったりしたときは、すぐさま「失礼しました」と謝罪する姿勢が大切です。

私はトイレ清掃を依頼されたときは、１００円均一で売っている、ちょっとしたお花や装飾物といったものを準備して、掃除をし終わった際に、置いてきます。

ただ綺麗にするだけでなく、掃除をしたことでより質の高い気持ちの良い空間が出来上がったことを、お客様はとても喜んでくださいます。

こうした一歩先を行く気遣いのサービスも、リピーターの心を引きつける秘策の一つです。

コミュニケーションツールとして靴磨きを使え！

前項でも少し触れましたが、求められた作業をこなすだけが、私たちの仕事ではありません。

「エアコンを清掃して欲しい」と依頼されて、エアコンを綺麗にするのは当たり前です。その先を行くサービスを提供してこそ、お客様の満足度を高められるのです。

例えば、エアコンを清掃するときに、部品を浴室などで磨かせてもらうことがあります。その際、お風呂場をお借りした御礼も兼ねて、最低でも一カ所は清掃をするよう心掛けています。

蛇口を綺麗に磨いたり、排水溝やシャンプーなどの容器の裏を綺麗にしたりと、必ず行うようにしています。

こうした行動には、お客様への感謝もありますが、コミュニケーションツールとして活用するという目的があります。

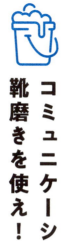

先ほどの例ですと、「短時間でお風呂場の蛇口をこんなに綺麗にすることができますよ」というアピールになりますし、実際にお風呂場を見てカビが目立つようなら「良ければ次回、お風呂場の清掃はいかがですか？」と打診することもできます。

ご自分の家が嫌いな人はいませんから、誰でも綺麗になれば、心地よさや喜びを感じてくださいます。

もちろん、掃除には関係なく、電球を変えてほしい、ちょっとソファーを動かすのを手伝ってほしいなど、お客様がお困りであれば、率先して手を差し伸べるようにしています。

そういった思いから、おそうじ革命では次々とアイデアが出され、新メニューで靴磨きも開始しました。

スニーカーは1500円、革靴は2000円と単価も安く、短時間で済むため、お客様にも大変ご好評をいただいております。（2018年12月現在）

磨いている間に、お客様ともコミュニケーションが図れるため、そうした会話の中からお客様の困りごとをヒアリングして、私たちが成せるサービスについてお話する機会を得ることもあります。

お掃除ビジネスで成功している人は、お客様との会話の中で情報をキャッチし、自然と次のアポを取り、つなげています。

コミュニケーションツールは、別に靴磨きではなくても良いのです。

ただ、話のとっかかりとして、帰り際に玄関に立ったときにでも、「今日は予定よりも早く終わったので、試しに1足だけ無料で靴を磨かせてくれませんか？」とお願いするのには、恰好のチャンスではないかと思います。

常にお客様の困り事にアンテナをはれ！

お客様とお話ししていると、ささいではあるけれど、困っていることがたくさんあります。

「模様替えをしたいけれど、重くて1人では家具を移動できない」

「柱時計の電池を交換してほしい」

「粗大ごみを出したいけれど、どこに依頼していいのかわからないし、外まで運べない」

等々、時としてそれは、お掃除以外のことも多く、お客様それぞれで悩みを抱えているようでした。

そこで私たちは、キャンペーンの一貫として、〝10分間何でもやりますサービス〟を展開してみました。

すると、さっそくお客様から、ありとあらゆる要望をいただけたのです。

ちょっと重たい物を、2階から1階に運ぶ作業や、植木鉢の交換、お庭の草むしり等、さまざまな要望をいただき、対応しました。

中にはリビングに座るよう促されて、「私の話を聞いてほしい」と、亡くなった旦那様との思い出話を嬉しそうにお話するおばあちゃんもいらっしゃいました。

正直、こんなにも要望があるものとは、思いもしませんでした。

けれど、これも出張業ならではのサービスの一環であり、お客様が私たちを求めてくださるのなら、これほど喜ばしいことはありません。

ならば私たちは、お客様がお金を払う価値があると思ってもらえるようなサービスを提供するまでです。

つい先日も、フランチャイズオーナーの1人から、こんな話を聞きました。

元気な男の子のお子さんがいらっしゃるトイレの清掃をした際、トイレの壁におしっこが飛び散り、真っ黄色になっていたと言います。

さすがに蓄積されたおしっこ跡は私たちでも落とせないため、「壁紙を貼り替えたいと思っていませんか？」と奥様にお聞きしたところ、「そうなんです、でも、どこに頼んだら良いかわからなくて……」と申されたとのこと。

そのフランチャイズオーナーは、自分が壁紙を張り替え、コーティング剤で臭いや菌を抑えることができると説明し、お客様の受注をいただいたと言います。

このように、ちょっと視野を広げてお客様の困りごとにアンテナを張るだけで、次の仕事が面白いように転がってくるのがお掃除ビジネスの醍醐味のです。

どんな方でも、ちょっとした困りごとはお持ちです。私たちはその困りごとに気づく一番近いポジション（自宅）に立たせていただいているのですから、いち早く察知し、ご提案することができるのです。

どこかで変な音がしていないか、匂いを感じないか、五感をフル活用してお掃除に取り組み、お客様の困りごとをキャッチしましょう。

Webは都心部、チラシは地方で有効

おそうじ革命では、全国津々浦々にフランチャイズオーナーがいらっしゃいます。都内はもちろん、地方でも活動している人がたくさんいるため、集客ノウハウもかなり蓄積されています。

お客様のファーストタッチの統計を取ったところ、都心部はWeb広告の閲覧が多く、地方ではチラシを見てお問合せをくださったケースが多いことがわかりました。

人口比としても、明らかに都心部の方が多いわけですが、インターネットのユーザー数が多いという観点からも、都内はWeb広告が有効であることが証明されています。

一方、地方では、チラシや口コミが有効です。

特に、奥さま同士の広報網はバカにできません。

お掃除をし終わり、私たちが引き揚げるや否や、「ちょっとうち綺麗になったから見て〜」と、隣近所の奥さんに見てもらおうとする方もいます。本当に、歩くスピーカーの奥様方に

は頭が上がりません。

それもあり私は、地方でお掃除をした後は、お客様のご近所、100世帯ほどはチラシをポスティングをして帰ります。

奥様方の宣伝網とポストに投函されたチラシ。このW攻撃はかなり有効です。

チラシに関する項目でもお伝えしましたが、チラシはあなたの名刺代わりです。

顔写真を載せたり、お掃除の実績を載せたり、出身地や趣味など人と成りがわかるようなプロフィールを面白おかしく掲載してしまうのも、お客様の記憶に残るためには欠かせない要素です。お客様はチラシを見て、「この人にならん頼んでみようかな」と思うわけですから、チラシ一枚で、十分、営業ツールとなりうるのです。

そういう意味では、営業中も宣伝をしているのと同じです。営業車でも、バイクでも、一目でおそうじ業者であるくらいの方が、お客様の目にも留まりやすいでしょう。

例えば、おそうじ革命のテーマカラーは赤です。車もバイクも制服も、赤を基調としたものになっており、一目で気づいてもらえるようにしています。

自分を広告体として、移動中も、ランチ時でさえも、営業をすることができます。

逆に言うと、悪目立ちもするという意味ですから、制服を着用し、車やバイクを利用するときは、常にお客様に見られていることを意識して、立ち振る舞う必要があるでしょう。

継続してほしい努力は、ブログとテレアポとチラシ

今にして思えば、「もう少し続けておけば良かった」という物事が、誰にでも1つや2つあるものです。

過去を悔やんでも仕方ありませんが、もし続けていれば、違う未来が待ち受けていたかもしれません。

始めるのは簡単でも、続けることの大変さ、そして辞めることの苦労は、大人になるほど痛感することではないでしょうか。

だからこそ、おそうじ革命のフランチャイズオーナーさんには、

「続けることを辞めないでください」

といつもお伝えしています。

なぜなら、それが成功への一歩だからです。

「おそうじビジネスで成功する！」

そう強い覚悟を持ち始めたのであれば、ブログとテレアポ、チラシは継続的に続けましょう。

ブログは、書き続けた量だけあなたの営業歩兵部隊を増やすのと同じ役目をしてくれます。書いた本数だけキーワード検索できる間口が増えますから、無数に増やしておけば、増やした数だけお客様の入口ができます。

テレアポも同じです。

自ら発信していかなければ、いつまでもビジネスに広がりは見られません。今週は飲食業、来週はクリニック、翌週は美容関係など、ターゲットを絞り電話をかけ続けることで、業界ならではの発見や気づきを得る機会にも恵まれます。

チラシだってそうでしょう。

自分の足で担当区域を回らなければ、街の様子や情報も入ってきません。

「あそこに新しい塾ができるな」という情報をキャッチしたら、誰よりも早く営業ができます。

私たちの仕事に、〝絶対〟はありません。

お客様に満足していただかなければ、そこで契約は終わります。

例え最初は満足していただけたとしても、そのことに慢心すれば、すぐさま他の業者に追い抜かれてしまう業界です。

お客様からしてみれば、同じ料金を支払うのであれば、よりサービスが行き届いた方にお願いしたいのは当然でしょう。

例えリピーターが定着しても、ブログ、テレアポ、チラシは定期的に続けておけば、新たな出会いやチャンスにも恵まれます。

私も起業時は、2カ月で500件のテレアポを行いました。

個人でお掃除をしていると言っても、相手は怪しがるばかり。

そう考えると、今のフランチャイズオーナーたちは、おそうじ革命という看板があるだけでも営業がしやすいはずです。

HPにしても、通常なら何万円とかかる作成費や維持費が無料で利用でき、絶えず相談に乗ってもらえる窓口があります。

その礎を作れたという自負はありますが、もしあの時、こんなシステムがあったら、自分なら真っ先に取り組んでいただろうなぁと思えてなりません。

オフィスクリーニングは仕事の邪魔をしない提案をする

これまで、ハウスクリーニングメインの話を書いてきましたが、ここでは少し、オフィスクリーニングにも触れたいと思います。

弊社でも、あらゆる業種のオフィスクリーニングに従事してきました。中でも、一番気を遣うのが、営業中のお掃除です。社員のみなさんが通常勤務をしている中、いかに邪魔にならないようお掃除を進めるか。仕事の妨げになるなど、もってのほかです。

また、会社には顧客はもちろん、宅配業者や取引先といった、あらゆる人が出入りしますから、そういったことも考慮して、段取りや作業場の確保といったことを考えお掃除をする必要があります。

ただ、そういったことを除けば、オフィスクリーニングは成果を出しやすい作業場と言えます。

それというのも、私たちに頼む前までのオフィスクリーニング業者のレベルは、大抵、低いものだったからです。

一般的に清掃業は、誰でもできる仕事。

底辺の仕事というイメージがあるため、定年を過ぎた方や、働き口が見つからなかったパートの女性が従事していることがほとんどです。

掃除の知識もない、最低限のお掃除業者に比べれば、私たちプロの仕事は一目瞭然。トイレ一つにしても、彼らの何倍もの速さでピカピカに磨き上げます。

そのため、一度、お掃除をすると、年間契約の話に進むことも多く、大変重宝されています。

「これからも定期的にお掃除をお願いしたい」

お客様にそう言われてからが、私たちの腕の見せ所です。

会社の担当者の方とやり取りをする中で、いかに多くの提案ができるか。

オフィスクリーニングの際は、「いかに担当者の困っているところを引き取ってあげられるか」を常に念頭に置き、対応するように心がけています。

例えば、お掃除業者を入れることで、会社に企画書や報告書を提出しなければならないのであれば、あらかじめこちらで作成し、お渡しする場合もあります。

また、予算に応じてどんなことがお手伝いできるかといったことも、提案させていただきます。

企業にとって、快適な職場環境作りはマストです。

もし、私たちが介入したことで会社に貢献でき、それが担当者の実績や評価に繋がるのであれば、こんなにも嬉しいことはありません。

空き物件と同じで、ハウスクリーニングに比べると単価は劣りしますが、安定して仕事をさせていただけるという意味では、いくつかオフィスクリーニングの仕事も抱えておくといいかもしれません。

不動産会社と契約できれば売り上げ10倍も夢ではない

創業当時、あるリノベーション会社との出会いがありました。

先方も事業を立ち上げたばかりで、工事後の掃除業者を探しているとのこと。お互い、手探りながらもやっと軌道に乗るかなという状況だったため、手を取り合うように契約を結ぶことになりました。

リノベーション会社と契約すれば、定期収益になると望んでのものでしたが、駆け出しだったこともあり、最初からそこまで多くの案件がくるわけではありませんでした。

しかも、金銭面においては、他社の不動産会社の金額の方が良かったため、社内では「この案件を続けるべきか、否か」といった議論を何度も交わしました。

社員の多くは、もっと単価の良い仕事もあるのだから、そっちの仕事を増やしたいと言っていました。

けれど私は、「とりあえず3年は我慢して続けてみよう」と決断を下しました。

その裏には、きちんとした営業やサービスを提供すれば、必ず満足いただけるはずであり、それが証明できれば、単価を上げることも可能だと思っていたからです。

そして、契約本数も受注額も、初期と変わらぬまま、社員と約束した3年が訪れました。

「社長、そろそろ考えましょう」

そう社員に提案されるや否や、先方から大型案件の依頼が舞い込んできました。しかも、受注額も大幅に値上げしての打診だったのです。

きっと、私たちの知らないところで、別のお掃除業者にも頼んでみたことがあったのでしょう。先方の社長は何度も「やっぱりおそうじ革命さんの腕には敵わない」と、それまでの3年間、良質なサービスを提供し続けたことを、心より感謝してくださいました。

共に事業が〝これから〟というときに出会い、切磋琢磨し合い一緒に成長してきた会社です。まるでパートナー企業のような立ち位置で、今も良いお付き合いをさせていただいています。

不動産会社からの依頼は、単価が安くて注文が多いのが特徴です。

しかし、競合他社よりも、絶対的にいいサービスを提供する自信が私たちにはあります。いいサービスを提供していれば、お客様が私たちを選んでくれる……そんな思いで続けてきた結果、お客様もその価値に気づき、見合う単価を提示してくださるようになりました。

ちょうどその頃からでしょうか。別の案件でも、「不動産会社に仲介マージンを払うなら、その分、上乗せするので直契約でお掃除をお願いしたい」と言ってくださるオーナーが増えてきたのです。

安いから、条件が悪いからと言ってすぐに断るのではなく、その向こう側にある笑顔を妄想して付加価値のあるサービスを提供し続ければ、売り上げ10倍も決して夢ではありません。

カビの写真は効果的

ブログに掲載するためでもありますが、現場に行ったら、必ずお掃除前の写真を残すようにしています。

後でお客様に、「これだけ綺麗になりました！」とお伝えするのにも有効です。

しかし、それ以上に効果覿面なのが、汚れを見せることで、「二度とこんな状態にしてはならない」と、お客様に自覚してもらえることです。

大概、お掃除前のお写真を見たお客様は、「うわー!!」とか、「ひゃー!!」など、普段はなかなか出されないような奇声を発し驚かれます。

エアコンやレンジフードなど、見えない部分の汚れには、特に驚かれるようです。

また、写真を撮っておくことで、「この部分が汚れるので、日ごろこんな点に注意するといいですよ」といったアドバイスをすることもできます。

お客様によっては、お掃除中、外出される方もいるので、お帰りになった際に見てもらうという意味でも効果的でしょう。

カビの写真など、率先して見たがる人はいないかとは思いますが、視覚で示すことで、お客様の意識はだいぶ変わります。

「やっぱり素人ではここまで綺麗にするのは無理！」

そう言って、次回の予約を早速入れてくださるお客様もいらっしゃいます。

そんなときは、別途オプションにはなるものの、少しでも持ちを良くするためのコーティング剤を塗布してみては？といったご紹介をすることもあります。

料金も2000円未満です。お客様も綺麗になった状態を数カ月でも長く保ちたいと思うため、大概、オプションの提案も快くお受けください ます。

たかだか2000円ではありますが、月に60件依頼があり、その全てに何らかのオプションを付けてもらえたとしたら、ざっと12万円のプラスになります。

しかも、時間にすればわずかなものです。

お客様も「2000円なら安いもの」と感じてくださるのは、依頼されたお掃除を、想像以上に綺麗な状態で仕上げたことが関係しているのでしょう。

出来栄えを確認していただくためにも、オプションへ誘導するためにも、お掃除前の写真は有効と言えます。

素直に聞く、アレンジする、継続する

一人前になるまでは、言われたことを素直に聞き入れ遂行してください。

おそうじ革命のフランチャイズオーナーには、口を酸っぱくするほど伝えています。最初は言われたことを真面目に行い、できるようになったら、アレンジを加えてくださって構いません。

どの世界でもそうですが、素直な人の方が、確実に伸びます。

これまでの経験を活かしたいという気持ちは、あって当然です。けれど、お掃除ビジネスにおいては、まっさらな気持ちで取り組んでくださった方が、成功します。

最初はこちらがお教えした通りに、やってみてください。私たちは、経験に基づいた、ベストな方法だけを提案しています。

そして、技術が身に付き、売上もついてきて、自分でもやっていけるという手ごたえを感じたら、そこからは自分のアレンジを効かせて、事業を大きくしてくだされぱいいのです。

この章でも何度もお伝えした、ブログ、ポスティング、テレアポは、常にブラッシュアップしながらも続けてください。

事実、新聞屋さんというプロが教えてくださった、最低でもチラシは7回見ないと人々の記憶には残らないという説も、素直に聞き入れたことで、集客に結び付きました。

成果が出るまでは、辛いかもしれません。

けれど、何かやらなければ、成果にも結びつかないのです。だからこそ、妄想という名の希望を持ち、取り組むのです。

「ここをピカピカに磨いたら、お客様はどれほど喜んでくださるだろうか」

「喜んでくださったお客様は、きっと次の依頼もしてくれるだろう」

「お客様から親類の方へ、そのまたご友人の方へと、依頼が2倍、3倍と増えるだろう」

「社員を増やして、仕事を3倍にしよう」

「得たお金で、念願のマイホームを購入しよう」

妄想は自由です。

でも、せっかく妄想するなら、明るくて楽しい、ハッピーなものがいいですよね。

妄想を現実と化すためにも、素直に聞き入れ、継続することが、お掃除ビジネスの成功には不可欠です。

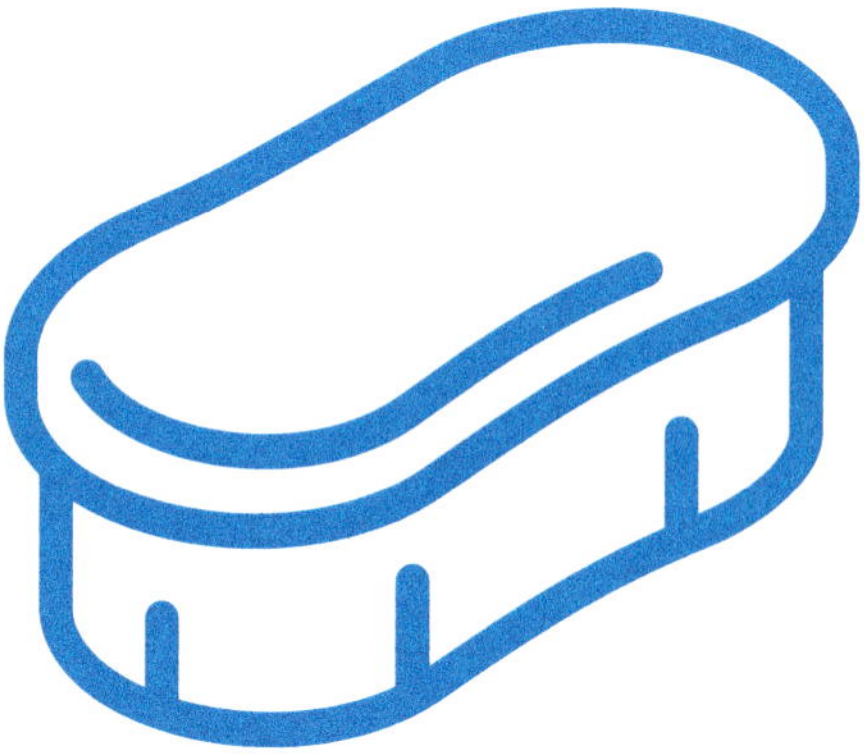

6章
これであなたもお掃除職人！プロの道具の揃え方

プロに必要な掃除用具一式、これだけ揃えればあなたも職人！

ここでは、お掃除ビジネスをはじめるにあたり、最初に揃えたい掃除用具一式をご紹介します。どれもホームセンターなど身近な場所で揃うものなので、ぜひ参考にしてみてください。中には、１００円均一で購入できるものもあります。

※価格は、目安として弊社フランチャイズオーナー販売価格を基に表示しています。

サッシブラシ

用途　窓のサッシ用ブラシです。基本的には窓サッシに使用しますが、細かい部分に最適です。あらゆる角隅やネジの溝、その他隙間など、手や指が入らない場所にも使用します。腰袋に常備したい一品です。

使う掃除場所　窓のサッシ、あらゆる細かな部分。

最低限必要な数　5本（うち2本は常備）

月5本は使う、使用頻度の高いブラシです。使用回数が増すと歯ブラシと同じで毛がバサバサになるので、新品のブラシは綺麗な角隅などに、古くなるにつれて油汚れ等に使うので、常に2本常備します。

価格（目安）　100円

スポッター

用途　洗剤を入れるための噴射式容器。弊社では、アルカリ性の〝万能プロ〟、次亜塩素酸をメインにして作ったカビ取り用の〝カビ取りプロ〟、油汚れに特化した〝アルカリプロ〟、水垢に特化した〝バススケールプロ〟の5種類を常備。現場によっては、その他の洗剤を使うこともあります。

使う掃除場所　エアコン、床清掃以外のすべての場所。

最低限必要な数　5本

最低でも5種類の洗剤を入れるため必須。

価格（目安）　280円

水拭きパッド

用途　床掃除用。水拭きパッドは、ワックスホルダー（別売り3596円）とクレンリネスハンドル（別売り1947円）に差し込んで使用する。水拭きパッドで水拭きをして、バキューム（別売り11985円）で乾燥し、ワックスバッド（別売り1947円）でワックスを塗布するという一連の作業になります。

使う掃除場所　床

最低限必要な数　1枚

価格（目安）　1066円

ガラススクレイパー

用途　工具用のカッターのお掃除版。レンジフードの中にできる油の壁、浴室の壁にこびりつく石鹸カス、浴槽のフチの水垢など、あらゆる場所に重なる汚れを削る役目を果たします。カッターなので刃物と同じで、時として自分の手を切ってしまうこともあるので注意が必要です。また、削り過ぎると製品自体を傷つけてしまうこともあるので、寝かせ気味で使うのがコツです。ガラススクレイバーも腰袋に常備したい一品です。

使う掃除場所　キッチン、浴室

最低限必要な数　1本（替えの刃付）

工具用のカッターのようなものなので、手入れせず放っておくとすぐに錆びます。

価格（目安）　1102円

エアコン壁掛けホッパー

用途　エアコン清掃の際、エアコンを分解して洗浄します。その汚水をペールに流すために使用します。

使う掃除場所　エアコン

最低限必要な数　1個

買い替えの目安はビニールが切れたり、穴が空いたりした時になります。大事に使えば、非常に長く使えるものです。

価格（目安）　6750円

ペール

用途　バケツのようなプラスチックの容器です。エアコンの汚水を溜めたり、漬け置き用に使用したり、道具を運ぶときにも便利です。

使う掃除場所　すべてのお掃除にあると便利です。

最低限必要な数　3～4個

汚水入れ、漬け置き用等、用途が複数あるため、最低でも3個は用意しておくと安心です。割れない限り、ずっと使えます。

価格（目安）　2個1348円

スクイジー

用途　窓ガラスや浴室清掃の際、水掃きに使用します。車のワイパーと同じ原理のもので、T字型の金属の上部にゴムが付いています。平らな壁面で水気を取りたいときはスクイジーを使用します。

使う掃除場所　窓ガラス、浴室

最低限必要な数　1本
価格（目安）　1783円

シャンパー

用途　窓ガラスや浴室の清掃時に、洗剤を塗布するために使用します。シャンパーで洗剤を塗ると、とても速いです。
使う掃除場所　窓ガラス、浴室
店舗清掃などでは、鏡を綺麗にする際も使用します。
最低限必要な数　1本
価格（目安）　1130円

クリアケース

用途　掃除用具を入れたり、ペールのようにエアコンの汚水や漬け置きに使用することもあります。道具を運ぶときにも便利です。

最低限必要な数　大中1個ずつあると便利です。

価格（目安）　大2459円・中2210円

大でもバイクに積める大きさです。

エアコン洗浄機（高圧洗浄機）

用途　高圧の水を噴射する洗浄機です。現場ではクリアケース等に水を溜めて、ホースを挿入して使用します。

使う掃除場所　家の外壁、駐車場、ブロック塀、エアコン、ベランダ、窓、網戸、浴室など、様々な清掃に便利です。ただ、重量があるのと、セッティングに多少の時間がかかるのが難点です。

最低限必要な数　1台（9kg）

価格（目安）　54410円

バキューム

用途　ゴミや埃を吸い取るための掃除機。どのメーカーでも吸引力はそれほど変わらないので、肩にかけながら移動して掃除ができるコンパクトがおすすめです。背中に背負うタイプは後ろが見えないため、家屋に傷を付けることもあるので、必ず前に抱えます。
使う掃除場所　ゴミがあるところ全般。
最低限必要な数　1台（紙パック式のものは、2/3くらい溜まったところで交換しないと吸引力が落ちます）
価格（目安）　11985円

照明器具

用途　空室物件で照明がない際に使用します。在宅タイプのハウスクリーニングでは滅多に使用しません。
最低限必要な数　1個
価格（目安）　850円

コンデンサーブラシ

用途　パイプの内側の汚れ洗浄や錆び落とし等に使用します。
使う掃除場所　キッチン、浴室、洗面所、トイレなど、水回りに関係する場所。
最低限必要な数　1本
価格（目安）　255円

ホース

用途　綺麗な水で大量の水を注いだ方が望ましい場合に使用します。2本持って行けば、一軒家でも対応できます。シャワーヘッド（別売り808円）や形状の異なる蛇口・ホース用アタッチメント一式（別売り4539円）などを組み合わせて、水の勢いを変えることも可能です。
使う掃除場所　ベランダ、庭、浴室、玄関
最低限必要な数　2本（1本10m程度）
価格（目安）　3328円

透明糸入り養生シート

用途　道具を置くときや、清掃により汚れや傷が付く可能性がある場合に、床にひくシートです。現場では、直接床に置くことはできません。糸入りなので強度があるものを選ぶと長持ちします。水ものを扱うときは、養生シートの上にビニールをひき、漏れを防止します。毎日使用するものなので、現場ごとに必ず新品同様綺麗にしてたたんで持ち帰ります。

使う掃除場所　掃除全般

最低限必要な数　1枚

価格（目安）　4922円（1・8m×1・8m）

シロッコファン用ケレン

用途　レンジフードのシロッコファン用の清掃用ケレン。ファンのR部分に合う形状をしているので、こびりついた頑固な油汚れを剥がす時に使用します。

使う掃除場所　レンジフード

最低限必要な数　1本
価格（目安）　1000円

駐車カード

用途　バイクを停める際に提示します。ラミネート加工をして、水に濡れても大丈夫なようにしておくことをおすすめします。カードには、名前と会社、電話番号を記載。「ハウスクリーニング中です。ご迷惑をおかけしています」「トイレ中です。すぐに戻ります」など何パターンか用意しておくと便利かもしれません。
最低限必要な数　1枚
価格（目安）　300円

ミニスクレイパー

用途　このスクレイパーは細かいところを削ったり、細いところを拭きあげたり、サッシの隙間に入れ込んだりといろいろな使用方法があります。仕上げにも使うので、腰袋にも常備しています。細かい汚れも絶対に見落とさない優れものです。

最低限必要な数 1本（太さに好みがあるので数本持つ人もいます）

価格（目安） 1700円

青パッド

用途 柔らかいスポンジなので、だいたいどんなところでも使えます。

使う掃除場所 室内全般

最低限必要な数 9個

価格（目安） 235円（1個）

茶パッド

用途 硬いスポンジなので、陶器に使用します。それ以外は傷つくのでNG！

使う掃除場所 トイレの便器、洗面所

最低限必要な数 1個

価格（目安）　235円

マイクロファイバークロス

用途　毎日使用する消耗品です。
最低限必要な数　最低20枚
価格（目安）　70円（1枚）

吸水クロス

用途　吸水性の高いクロス。早く水を吸い取りたい時に使用します。
使う掃除場所　キッチン、浴室、床
最低限必要な数　1枚
価格（目安）　1896円

エコスポンジ（メラニンスポンジ）

用途　研磨剤。こすり過ぎると傷つくので、注意が必要です。

最低限必要な数　1個

価格（目安）　100円

マスカー

用途　マスキングテープと養生シート（ポリシート）を一体化させた養生資材です。それぞれの資材を個別に用意するよりも、作業効率が格段にアップします。例えばエアコンでは、マスカーを鋭角にして水の流れを作ります。万が一を考えて、水気がある作業ではマスカーを二重にして使用します。

使う掃除場所　エアコン、浴室

最低限必要な数　3本

消耗品のため3本は常備しておくようにするといいです。

価格（目安）　200円前後

脚立（3段）

用途　高所作業の際に使用します。

使う掃除場所　キッチン、浴室

最低限必要な数　1脚

価格（目安）　2500円

ドレンホースクリーナー

用途　ドレン内部洗浄器具です。ドレンホースの排出口に差込み、ハンドルを引いて吸引し、詰まりを解消します。

使う掃除場所　エアコン

最低限必要な数　1本

価格（目安）　3564円

ダイヤパッド

用途　浴室や洗面所の鏡に使用します。人工ダイヤモンドを特殊加工したプロ専用ツールで、頑固な汚れや水垢も簡単に落とせます。
使う掃除場所　浴室、洗面所
最低限必要な数　1枚を切って使用します。
価格（目安）　4000円（サイズ100㎜×100㎜）

ステンレスクリーナー

用途　ステンレスシンクやステンレス製品の水アカやサビ汚れをピカピカに磨きます。
使う掃除場所　蛇口（キッチン、浴室、洗面所、トイレ等）
最低限必要な本数　1本
価格（目安）　100円

おそうじ革命 3種の神器

お掃除でよく使用する道具は、腰袋に入れます。

人によって何を入れるかは自由ですが、おそうじ革命では、以下3つの道具を必ず入れます。

・サッシブラシ
・ミニスクレイパー
・ガラススクレイパー

1つ目は**サッシブラシ**です。

これは、どんな掃除でも、いつでも活躍してくれる、往年の大スター。お掃除ビジネスには欠かせない一品です。

窓ガラスのサッシやキッチン、浴室、トイレなど、あらゆる場所の角隅の汚れを掻き出してくれます。

2つ目は**ミニスクレイパー**です。

細目のスクレイパーなので、細かいところを削ったり、拭きあげたり、サッシの隙間に入れ込んだりと、いろいろな使い方があります。

特に、仕上がり時にその効果を発揮します。競合他社と差が付くのは、こういった細かな作業にあると自負しています。

3つ目は**ガラススクレイパー**です。ガラスを傷つけることなく汚れを落とす優れものです。おそうじ革命では、ガラス以外にも固まった汚れをはがしたり、時にはシールはがしにも使用することがあります。

いかがでしたか?

おそうじ革命3種の神器。

この3点セットは、もしかすると洗剤と同じ、いいえ、それ以上に大切な道具と言えるかもしれません。
おそうじ革命の徹底力には、この3種の神器の影ならぬ活躍が関係しています。

7章
達人の「キレイのスゴ技」を教えます

作業前の段取りと時間配分術

お掃除は、段取りが命です。

準備が不十分では、約束の時間通りに作業を終えることはできません。

現場に入り、部屋の配置や汚れ具合といったものを一瞬にして判断し、**お掃除の段取り**を組みます。

この段取りがきちんと組めれば、8割は作業が終わったようなもの。

後の2割は、段取り通りお掃除を遂行するまでです。

ここでは、空室清掃の段取り例を紹介します。

まず玄関に入り、全体を見渡します。

汚れていそうな箇所を探して、どこが一番汚れているのかをチェックします。

そして、外せるものは全部外します。

その際、洗剤につけ置きできるものは漬けてしまいます。洗剤に働いてもらい、その間に他の清掃に回った方が、効率が良いからです。


汚れを落とす方法は、主に2つに分かれます。

1つ目は、薬剤化学反応、つまり洗剤で落とす方法です。

2つ目は、こすったり、削ったりしながら落とす方法です。


1によって時間短縮を図り、仕上げは2と同様、人員作業になります。

この組み合わせを間違えると、大きなタイムロスにつながるので注意が必要でしょう。

また、基本的に掃除は上から下、中から外、奥から手前にと、一度綺麗にしたところを汚さない方法で取り組みます。

空室清掃であれば、外を掃除するときに、一緒にベランダの清掃もしてしまった方が効率が良いでしょう。


また、片付けも、その都度行うと効率的です。

例えば、現場に10個道具を持ってきたら、休憩時に車に戻る際に、その半分の道具はしまえるように作業を進めることも大切です。

料理を作りながら、不要になったボールや鍋を片付けていく、プロの料理人と似ているかもしれません。

そうした段取りを、作業に入る前、作業中も頭の中で描きながら掃除を進めて行きます。

いかに効率の良い段取りが組めるかが、プロと素人の差です。

おそうじ革命では、空室清掃の段取りを1人で立て、時間内に完璧に仕上げることができてから、お客様の目の前で行うハウスクリーニング作業へのステップアップを図ります。

クリーニングの6つの基本手順

以下が、掃除の6つの基本手順になります。

①上から下に
②奥から手前に
③塗布は下から上に
④薬剤は弱いものから強いものへ
⑤柔らかいものから硬いものを削る
⑥視点を変えて見る

①上から下に

ホコリは上から下へ落ちてきます。ですから、お掃除も高いところからスタートして、低いところ（床掃除）を最後にすると、二度手間が防げます。

②奥から手前に

上から下へと同じで、二度手間を省くために、出口から遠い奥からお掃除をして、出口付近で終わります。特にワックスがけなどを行うときは、手前からかけてしまうと、ワックスが乾くまで歩けなくなってしまうという事態になりかねません。

③塗布は下から上に

洗剤を塗布するときは、「下から上へ」が基本です。拭き取りも同様に「下から上へ」。上から下へ行うと、液ダレが取れなくなることがあります。

④薬剤は弱いものから強いものへ

早く汚れを落としたいという気持ちはわかりますが、薬剤によっては材質を傷めることもあります。弱い洗剤から徐々に強い洗剤へと移行しながら様子を見ましょう。場合によっては、薬剤をスポンジやぞうきん等に含ませて、大丈夫か様子を見ながら拭いてもいいかもしれません。

⑤柔らかいものから硬いものを削る

④と同様、いきなり硬いものを削る要領で汚れを落とそうとすると、材質を傷めたり、削り過ぎてしまったりということが考えられます。柔らかいものから徐々に削っていきましょう。

⑥視点を変えて見る

お掃除の出来栄えをチェックする際は、5つの目線（脚立、立ち、中腰、膝立ち、這いつくばる）と、色々な角度から見て汚れ残しがないかチェックします。

目視の他にも、最終チェックでは、手で触ったり、ライトを当てたりして確認することもあります。慣れてくると、浴室は水弾きや手触りでも汚れの残りがわかるようになります。

エアコンをキレイにするスゴ技

エアコンをキレイにするスゴ技、それは、エアコンの仕組み、機能を熟知するところから始まります。

エアコン清掃では、分解が必須です。

外して分解したら、綺麗にして再び取り付ける必要があります。

おそうじ革命の研修では、エアコン清掃に取り掛かる前に、仕組みと機能の座学を最低でも半日は行います。

講義では、実際にエアコンに触り、仕組みやその機能を事細かに教えています。現場を見て覚えるでは、倍の時間がかかりますし、場合によっては、エアコンを壊してしまうこともあります。

ですから、エアコンの研修だけでも2日以上は取るようにしています。

エアコンの清掃手順

①運転確認

冷房、暖房、それぞれの風向き・風量がちゃんと機能するか。停止後、ルーバーがしっかり閉じるかを確認します。

②運転確認をしている間に養生作業を行います

③エアコン分解

④エアコン本体の養生

⑤エアコン本体に洗剤を塗布

⑥エアコンコンプレッサーの準備

⑦分解したカバー・フィルターの洗浄

お客様にお願いして、浴室・ベランダまたは外で洗浄させてもらいます

⑧エアコン本体の高圧洗浄

汚水が出るので、お客様にも確認してもらいます。

⑨本体の養生を剥がします

⑩分解したカバー等の取り付け

⑪運転確認

内部を乾燥するためにも、最低30分は付けておきます。

スゴ技ポイント

○待ち時間を少しでも減らすために、⑦分解したカバー・フィルターの洗浄の後は、水がはけるように置いておくと、拭き時間が省けます。

○エアコン清掃では、汚れを流しきることがポイントになります。洗剤を塗布した20倍の量ですすぎ、汚れを完璧に流しましょう。

○分解できないので忘れがちなのが、吹き出し口の汚れです。ここにもしっかり洗剤を塗布して綺麗にしましょう。

キッチンを キレイにするスゴ技

キッチンと一言に言っても、作業範囲は以下のものがあります。

- **キッチン戸棚の表面**
- **レンジフード表面**
- **キッチン壁**
- **ガスコンロ**
- **調理台**
- **シンク**
- **蛇口**

レンジ周りは油汚れが多く、ガスレンジの回りは煮こぼれや油ハネ、それにホコリがミックスされた頑固な汚れが多いです。シンク回りには、水垢、カビも付着している場合があるでしょう。

キッチンの清掃手順

①写真撮影をします

配置を戻すため、before & after を確認してもらうため

②動作確認

キッチン照明、ガスコンロ、魚焼きグリル、レンジフード

③養生

床に養生シートを敷き、その上にマスカーを貼ります。

④分解

レンジフィルター、照明カバー、ガスコンロ（五徳、グリル、トッププレート）、排水溝など

⑤つけ置き

取り外した部品をつけ置きする

⑥洗浄

⑦仕上げ

乾拭きで仕上げる
⑧清掃前の定位置に復旧
⑨動作確認、写真撮影

スゴ技ポイント

○五徳は汚れを落とすのに一番時間がかかります。アルカリ性の洗剤でつけ置きし、最後にミニスクレーパーで地道に取り除くと作業効率が上がります。
○つけ置きでは取れそうにない汚れは、洗剤を付けてマスカーで包み、その上からサランラップに包むと汚れが柔らかくなる効果があります。
○シンクはどんなに汚れていても、ステンレスの表面を磨いて一枚はがすだけで、新品同様のピカピカシンクに生まれ変わります。水垢が溜まっていることが多いので、水垢を取り除いてからステンレスを剥がす要領で行いましょう。試しに一カ所、何回磨けばピカピカになるか回数を数えておくと、後の場所はその回数磨くだけで綺麗になります。また、ステンレスには縦か横の目があるので、目に沿ってこするようにしてください。

トイレをキレイにするスゴ技

トイレの主な汚れは、黒ずみ、水垢、黄ばみ、尿石が考えられます。男性がいるお宅では、壁紙に飛び散っている場合もあるでしょう。

トイレの清掃手順

①トイレに物がある場合は写真撮影をします

配置を戻すため、before & after を確認してもらうため

②段取りを確認します

お掃除の基本手順にのっとって、上から下、奥から手前、最後に扉といった要領でお掃除の段取りを考えます。

オーソドックスな手順としては、天井→換気扇→照明→高い棚→便器→床→扉、となります。

③便器内の水を抜く

ペールで水を多めに流すと水位が下がります。残った水はウエスで吸い取ると、奥まで清掃しやすくなります。

④ウォシュレットの分解

⑤茶パッドで陶器を磨き、仕上げはダイヤパッドでこすると輝きが増します

⑥扉を磨き、最終確認、写真撮影

スゴ技ポイント

○尿石が溜まっている便器は、トイレットペーパーを敷いて酸性の洗剤でつけ置きすると時間短縮が図れます。

○置き物や壁掛けは元通りに戻しますが、100円均一で売っているようなお花や観葉植物等を用意して置いてくるとお客様に喜ばれます。

レンジフードをキレイにするスゴ技

レンジフードの最もたる汚れはなんといっても油です。

作業範囲はレンジフード表面、シロッコファン、ドラム表面と内部になりますが、お客様によってはキッチンまで含まれていると思われる方もいますので、あらかじめ確認しておきましょう。

レンジフードの清掃手順

①写真撮影
配置を戻すため、before & after を確認してもらうため

②動作確認

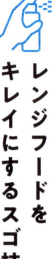

弱・中・強、照明など、すべての動きを確認します。

③養生

床↓下部の収納扉↓壁の順でマスカーを貼ります。

コンロ部分はクッション代わりにクリーンパッドを敷いて、その上にマスカーを貼ります。

④分解

フードカバー、レンジフィルター、照明カバー、ベルマウス、シロッコファン

⑤つけ置き

高温（50〜60℃）のお湯で洗剤を入れてつけ置きします。ペールに入らないものは、マスカーで包みます。

⑥洗浄

レンジフード本体、フードカバー、オイルレール、ドラム内部

⑦つけ置き部品の洗浄

サッシブラシ、シロッコケレン、マドラー等で洗浄します

⑧洗浄に使用したシンクや排水溝の清掃

⑨仕上げ

⑩分解した部品の組み立て

⑪動作確認、写真撮影

スゴ技ポイント

◯シロッコファンは逆ネジのものが多いです。

◯塗装されている部品のアルカリ性洗剤でのつけ置きは塗装が落ちる可能性が高いので気をつけましょう。お客様によっては塗装が落ちてもいいから油汚れを取りたいというケースもあるので、きちんと確認することが大切です。

◯スチーマーで油を柔らかくしてから清掃する方法もあります。

◯仕上げに油止めを塗布すると喜ばれます。

◯機械を使用する業者もありますが、対象物を傷つけるリスクがあります。お客様の財産を傷つけずに汚れだけを取り除くことを目指すおそうじ革命では、手触りを確認しながら一番早くて傷つけない方法で作業に当たっています。

床をキレイにするスゴ技

ハウスクリーニングで床掃除を依頼されることは、滅多にありません。多いのは、人の住んでいない、空き物件の清掃依頼です。

いずれにせよ、単に床を掃除機やウエスで水拭きするのではなく、ワックスがけも一緒に依頼されるケースが大半です。ワックスは、フローリングの表面にツヤを与えて綺麗に見せるだけでなく、傷や汚れからフローリングを保護する役割も担っています。

ここでは、ワックスがけも含めた、床をキレイにするスゴ技をお伝えします。

床の清掃手順

①掃除機で床のゴミやほこりを吸い取ります。

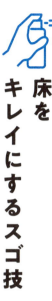

②水拭きパッドで水拭きをします。
③水拭きが乾くと、再びゴミやカスが出るので、再度掃除機をかけます。
④フローリングが乾き、完全にゴミがなくなったのを確認し、奥から出口に向かってワックスを塗ります。
⑤乾燥するのを待ち、お好みの回数を塗ります。

スゴ技ポイント

○ホコリや髪の毛が1本でも残っていると、ワックスをかけたときに固まってしまう可能性があります。ゴミを完全になくしてからワックスがけはしましょう。
稀に、築年数の経っている物件で、ワックスが溶けていたり、穴が空いていたり、また頻繁に歩く廊下などは、コンマ何ミリの世界ですが、徐々にワックスが剥がれていき、俗にいう〝けもの道〟のようになっているケースがあります。

他にも、キッチンでは、ワックスの上に油汚れが重なり、床の色がまだらになるということもあります。

そんなときは、ワックスを剥離する作業を行います。

ワックスを剥がす剥離剤を使用して、再度、一層目からワックスを塗るという作業です。

その上にワックスを重ね塗りし、お客様の好みの層にします。

基本、新築時は、フローリングのワックスが2層から3層塗られた状態で引き渡されると言われています。

私たちはお掃除業者ですが、時おり、新築時のワックス塗りを依頼されることもあります。個々の好みもありますが、3層から5層がもっとも依頼の多いワックス層の数なので、新築清掃の際に、ワックス塗りも提案すると、お仕事を増やすことができるかもしれませんね。

洗面所をキレイにするスゴ技

洗面所の作業範囲は、脱衣所全体の壁、天井、床、洗面ユニット、入口扉（内・外）、窓内側、電気カバー、脱衣所スイッチ、洗濯パン（洗濯機を置くための受け台）、収納です。

私たちおそうじ革命では上記メニューを洗面所として提示していますが、事前にお客様にもきちんとご説明しなければ、トラブルになることもあります。

ですから、お掃除をする前に、どの部分の汚れが特に気になっているのかをヒアリングすると共に、お掃除の範囲を共有認識として持つようにしましょう。

例えば、換気扇はカバーのみとし、分解しての洗浄は別途オプションになる等、ささいなことではあるものの、作業範囲と料金設定はきちんとしておいた方がトラブルを避けられます。

洗面所の清掃手順

【壁・建具】

①写真撮影

配置を戻すため、before & afterを確認してもらうため。

②天井～壁にかけてのホコリ落としをします

壁紙の汚れは基本的にやりません。

③扉のホコリ落とし、表面水拭き、乾拭きをします

汚れている場合は弱めの洗剤を使用する場合もあります。

④電気カバーを外せたら外して、水拭き、乾拭きをします

汚れている場合は弱めの洗剤を使用する場合もあります。

⑤窓の内側の水拭き、乾拭きをします

あわせてスイッチ類も清掃し、必要に応じて洗剤を使用します。

【洗面所】

①ユニット上部のホコリを落とします

②照明カバーを取り外せたら、外して清掃します
汚れている場合は弱めの洗剤を使用する場合もあります。
③ユニット壁面、収納の内外、取り外せるパーツは取り外して清掃します
汚れている場合は弱めの洗剤を使用する場合もあります。
④鏡の清掃
終わった後は、スクイジーで水切りをします。

スゴ技ポイント

○洗面台の照明の上にほこりが溜まっていることが多いので、外せるのであれば、分解して汚れを取ると喜ばれます。
○洗面ボウルにつけ置きしている間に、掃除手順②を実施し、終わった頃につけ置きした部品を洗うと時間短縮になります。

窓をキレイにするスゴ技

窓ガラスの汚れは、室内と屋外で異なる原因が考えられます。

ガラスの内側につく室内汚れの原因で多いのは、手垢、ホコリ、煙草のヤニなどです。

外側に付着される汚れとしては、砂や泥、花粉や黄砂、道路に面した自宅であれば、車の排気ガスの汚れが付着する場合もあるでしょう。

作業範囲は、窓のみの依頼でガラス両面、窓枠両面、サッシ枠全体、カーテンレール、窓回りの枠となります。

おそうじ革命では、網戸、シャッターなどは別途オプションです。

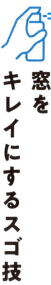

窓の清掃手順

【カーテンレール】

①カーテンレールをクリーンパッド、またはエコスポンジ、洗剤で洗浄。玉もサッシブラシ、洗剤で洗浄します。

【窓内側サッシ】

①窓枠2枚を左側に寄席、内側からホースを霧にしてサッシ枠、2枚の窓枠の側面を水養生します。

②水養生したところに洗剤を吹き付け、サッシブラシで洗浄。キリで水を流しながら、サッシブラシで一緒に汚れを下に落としていきます。

同じ作業を右のサッシ枠、左の窓枠、上のサッシ枠、下のレールすべてで行います。

完了したら、窓枠2枚を右側に寄せて、反対側も同様に洗浄していきます。

【窓内側枠】

①窓を閉めて、内側から窓枠をキリで水養生します。

②エコスポンジを使用して枠を洗浄、汚れに応じて洗剤を使用します。

③鍵の部分をサッシブラシで洗浄します。
④パッキンを、サッシブラシと万能プロ、カビがある場合はカビ取りプロで洗浄します。
⑤洗浄が終わったら、しっかりキリで洗剤を流します。

【窓内側ガラス】

①ガラス面を、シャンパーまたはエコスポンジで洗浄します。
　汚れに応じて、洗剤を使用します。
②洗浄が終わったら、キリでよくすすぎ、洗剤をしっかり洗い流します。
　洗剤が残っていると、後で白く浮いてきます。
③スクイジーで水を大雑把に切ります。
　切っても外側の洗浄の際にまた濡れる可能性があるので、時間をかけずに行います。

【窓外側サッシ】

①窓の外側から見える視点で、残っている汚れを内側と同様の手順で洗浄します。

【窓外側窓枠】

①シャワー外またはシャワー内で水養生し、洗剤とエコスポンジで洗浄します。
②パッキン部分は、洗剤とサッシブラシで洗浄します。

【窓外側ガラス】

①洗剤とエコスポンジで洗浄します。

②水でしっかりと洗剤を流し、こびりついているものなどはガラススクレイパーで削り取ります。

③サッシの下のレールや、ベランダの床面に落ちた汚れや砂などをシャワーで流します。

④カッパギで水を切ります。

⑤シャンパーに薄めた洗剤を付けたもので、ガラス面を濡らします。

⑥窓枠とパッキン部分の水分をクリーンパッドで拭い取ります。

⑦スクイジーで丁寧に水を切っていきます。

⑧枠に垂れた水分をクリーンパッドで拭い取ります。

【仕上げ】

①窓内側ガラスは、再びシャンパーに薄めた洗剤を付けたものでガラス面を濡らし、スクイジーで同様に仕上げます。

②ガラス下部分に溜まった水気を、クリーンパッドで拭き取ります。

③しっかり乾かして、水滴跡などがガラスに残っていないか、斜め下からチェックしましょう。

④養生は早めに剥がして、養生をしていた箇所が汚れていないか確認してください。

スゴ技ポイント

○スクイジーを使用するときは、一筆書きのように最後まで止めずに使用すると綺麗に水がきれます。もし、水滴などがガラスに垂れてしまった場合は、ガラスの途中からスクイジーをかけず、必ず一番上側からかけましょう。

○水道水の中の不純物が水垢として残ることがあるため、カルキの入っていない純水を使用するとと窓ガラスがよりピカピカになります。

○日が出ているうちに作業を終わらせないと、暗くて確認ができなくなります。

浴室をキレイにするスゴ技

浴室清掃を完璧にマスターすれば、他の清掃が簡単に感じられるほど、お掃除の肝と言っても過言ではない作業場になります。

作業範囲は、天井、壁面、鏡、浴槽、床、換気扇カバー（フィルター）、照明カバー、扉両面、扉枠、窓内側、窓枠、カラン、シャンプー台、シャワーヘッド、シャワーホース、手すり、ゴム栓、スイッチ回りです。

おそうじ革命では、ブラインドや窓の外側、備え付けではないイスや桶、蓋、シャンプーラックなどは、作業範囲外とさせていただいております。

石鹸を使用する浴室では、石鹸カス、水垢とタイプの異なる汚れが層になり重なっています。ですから、石鹸カスの清掃、水垢の清掃と、２度にわたる作業が必須です。

浴室の清掃手順

①写真撮影

配置を戻すため、before & after を確認してもらうために撮影します。

②動作確認

照明、換気扇、給湯の動作確認を行います。

③養生作業

マスカーを貼る箇所を清掃してから、浴室外に水が出ないよう、しっかり養生します。

④お客様の私物を養生の上に移動

洗体タオルなど、肌に触れるものと掃除用具を一緒にしないよう注意してください。

⑤全体の汚れ状況を確認

汚れの確認を行うことで、時間短縮が図れます。

⑥分解できる部品の洗浄

照明カバー、換気扇カバー、フィルター、給湯部カバー、排水溝パーツなど、基本的には水洗いを行い、汚れの状態によっては洗剤を使用します。

⑦壁面（石鹸カス落とし）と壁面パーツの洗浄

水養生をして、洗剤を青パッドで洗浄します。艶アリの鏡面の壁面は、新品の青パッドでは傷が付く場合があるので注意しましょう。汚れている箇所は、つけ置きします。

このときに、手すりやシャンプー台、鏡、カラン、シャワーヘッド、シャワーホースといった箇所を一緒に洗浄していくと効率的です。

⑧浴槽（石鹸カス、皮脂落とし）

壁面同様、水養生をして、洗剤と青パッドで洗浄します。光沢やツヤのない浴槽の場合は、エコスポンジも可能です。

⑨扉回りの清掃

枠、通気口、パッキン、アクリル板などを綺麗にします。

⑩壁面、浴槽ふち、鏡（水垢つけ置き）

水垢が付いているところに洗剤を塗る。シャンパーを使用すると時間短縮になります。

⑪金属回り

ステンレスをピカピカに磨きますが、カランのモジやマークを消さないように注意します。メッキ塗装の場合もあるので、素材チェックも欠かさないでください。

⑫鏡

留め具の回りの水垢は、ガラススクレイパーで削り取ります。金属の留め具はステンレスクリーナーで磨きます。水をかけながら作業すると、汚れが落ちているか判断しやすいです。

⑬固まったスケール落とし

扉や浴槽のフチなどについている固まった水垢を落とします。

⑭壁面の仕上げ

⑦でつけ置いた部分を洗浄します。

⑮天井洗浄

水きりの際は、スクイジーを使用すると時間短縮になります。

⑯排水口

分解して、裏側まで手を入れて洗浄します。見えない部分の汚れがひどい場合は、茶パットを使用します。

⑰床

洗剤を塗布してステンレスブラシで縦・横の向きで擦っていきます。

⑱すすぎ、水切り、拭き上げ

平面はスクイジーを使用します。その他の箇所は、吸水クロスで水分を拭き取ります。金属関係は乾いたクリーンパッドで水気を拭き取ってください。

⑲浴室扉枠、スイッチ回り

⑳お客様の私物を元に戻す

養生を剥がして運転確認をした後、仕上げをします。
髪の毛や埃を残さないよう、最後はバキュームをかけましょう。

スゴ技ポイント

○浴槽の側面のことをエプロンといい、このエプロンを外して中を清掃するサービスをオプションで行っています。エプロンを外して内部を見てもらうと、カビが繁殖している場合が多いですから、掃除前にお客様にご提案すると、大半の方が依頼してくださいます。

○浴室は、体を洗う位置＝人の胸から下が特に汚れているので、上部よりも胸下を重点的に行うことが大切です。

○浴室清掃も段取りが命です。つけ置きやスクイジーで時間短縮をしましょう。

○忘れがちな照明の上、浴槽のゴム栓、シャワーヘッド、シャワーホース部分も綺麗にしましょう。

8章

年収300万円、500万円、1000万円…あなたはどのコース？

年収300万円への道（月25万円を稼ぐ）副業可・主婦でもできる！

土日全日稼働で十分到達！

「いきなり仕事を辞めてお掃除ビジネスを始めるのは、さすがに勇気がいる」

そんな方は、副業でお掃除ビジネスをはじめてみるのが良いかもしれません。

1カ月、お掃除ビジネスで副業して25万円稼げれば、1年間で300万円の収益になります。本業の給料を合算すれば、1000万円近い年収が望める人もいるでしょう。

では、どのくらい働けば、週末だけで25万円稼げるのか。

土日フルで稼働して、月8日。

1日につき、2件～3件の依頼を受ける必要があります。

おそうじ革命のメニューでは、浴室清掃が15000円～。エアコン清掃が9980円～。

レンジフード清掃は13500円～。キッチン清掃が12420円～です。

エアコン清掃は、エアコンのタイプにもよりますが、1時間から2時間程度で作業できます。

うまくスケジューリングすれば、1日に3台から4台清掃が可能です。その他の作業は、2時間半〜3時間程度かかるため、半日は見ておいた方が良いでしょう。

組み合わせ次第では3万円以上、収益が得られる場合もありますから、コンスタントに依頼が入れば、副業で月25万円稼ぐことも難しくありません。

ただしそれは、あくまでも技術と知識があって実現することです。しかも、依頼をいただくためにはある営業活動も必要になります。

週末2日は作業時間に当てるとしたら、平日に営業したり、チラシを配ったりといった作業が必要です。

それも、セグメントをかけて、ターゲットを絞った集客が望ましいと言えます。

まずは家族や親戚、ご友人といった身内や、隣近所の人など、近場から営業をかけていき、お客様にご納得いただきながら紹介やリピーターを増やしていくのがいいかもしれません。

最近では、SNSで地元コミュニティーページなどがありますから、そこで宣伝することで、依頼がたくさん舞い込んだというフランチャイズオーナーもいます。

いかに効率よく営業をかけ、土日に依頼を集約させるか。

それが週末副業の課題点かもしれません。

物理的には副業は可能です。

後はあなたの、腕と営業力にかかっているでしょう。

副業として稼働できる日を設定する

今の時代、多様な働き方がありますから、お仕事によっては、土日がお休みではない方もたくさんいらっしゃいます。

当然、お掃除をして欲しいタイミングも、お客様によってはまちまちでしょう。

そうしたお客様の要望に応えるのも、顧客満足につながる営業手法の一つです。

例えば、主婦の方であれば、土日は家族と過ごし、平日の空いた時間を利用して、お掃除ビジネスを始めることもできます。

月・水・金曜日は働くなど、自分の好きな日時で営業をかけることも可能です。

あるいは、夜の時間帯にスポットを当てて営業をかけてみるのも一つの手です。

例えば、定時で上がれる水曜日の本業終了後に依頼を受けるというのも、働き方の一つと言えます。

特に、ハウスクリーニングで夜間取り組んでいる業者は少ないですから、狙い目でしょう。

副業とは言え、オーナーはあなたです。

あなたの稼働とお客様の要望がマッチすれば、いくらでも依頼の幅は広がります。

とはいえ、稼働日時は、固定制が望ましいです。

今週は月・木曜日、来週は火・金曜日など変動があることで、お客さんが困惑し、遠ざかることが考えられます。

それならば、稼働できる日時をきちんと設定して周知しましょう。

先ほどもお伝えしましたが、お掃除ビジネスは副業が可能です。空いた時間を利用して、自身の技術を生かし、収益を得る……それは、理に適っているのかもしれません。

しかし、もし、副業を収益アップだけが目的だとすれば、お掃除ビジネス、つまりは技術職の出張業は副業に不向きです。

物販の仕事の方が、うんと儲かりますし、日時を固定して副業が可能であれば、アルバイトをした方が稼げるでしょう。

長年、お掃除ビジネスに携わり、既に人脈、ノウハウ、技術が伴っている人であれば、お掃除ビジネスでの副業は決して難しいことではありません。

けれどもし、これから学んで集客も初めてという場合は、相当の覚悟が必要です。

最低限の道具の購入

6章と7章で、お掃除の道具と掃除の仕方について触れましたが、ここでは、副業に必要な、最低限の道具の購入についてお話しします。

サッシブラシ、ミニスクレーパー、ガラスクレーパーは、どんなお掃除にも役に立つため、常に腰袋に入れている、絶対に必要なおそうじ革命3種の神器です。

そしてハウスクリーニング全般を請け負いたいのであれば、やはり6章で紹介した道具は、一通り揃えた方が良いでしょう。

また、副業のうちは、専門性を持って取り組むのも一つの手かもしれません。

そういった視点もふまえて、各清掃別の所要時間とお掃除道具をここでは紹介したいと思います。

【エアコン】

・所要時間：1時間～1時間30分

・必要な道具：コンプレッサー、ホッパー、脚立、クリーンパット、ペール、ミニスクレイパー、バキューム、養生シート、マスカー

【浴室】

・所要時間：2時間～3時間
・必要な道具：シャンパー、クリーンパッド、吸水クロス、青パット、エコスポンジ、ステンレスクリーナー、サッシブラシ、コンデンサーブラシ、洗車ブラシ、ナイロンブラシ、ステンブラシ、ミニスクレイパー、ガラススクレイパー、スクイジー、養生シート、マスカー
・あった方が良い道具：茶パッド、脚立

【キッチン】

・所要時間：2時間30分～3時間
・必要な道具：クリーンパッド、青パット、エコスポンジ、ステンレスクリーナー、サッシブラシ、コンデンサーブラシ、ミニスクレイパー、ガラススクレイパー、養生シート、マスカー、バキューム、脚立、ペール
・あった方が良い道具：茶パッド

【レンジフード】

・所要時間：2時間～3時間

・必要な道具：クリーンパッド、青パット、ステンレスクリーナー、サッシブラシ、ミニスクレイパー、ガラススクレイパー、シロッコケレン、養生シート、マスカー、バキューム、脚立、ペール

ご覧のように、エアコン清掃以外は、重複している道具も多いです。

また、お客様からしても、エアコン清掃しかできない、レンジフードしかできないと言う業者より、「お掃除であれば何でもお任せください！」と言ってくれる業者の方が信頼できるはず。そう考えると、上記のお掃除道具は、やはり一通り揃えても良いものと言えます。

専門性を持つという意味では、夏場はエアコン清掃に力を入れて営業する。年末にかけては、水回りの営業をすると、依頼も増えるかもしれません。

あれこれ掃除用具を揃えても、結局、使用する道具は決まってきます。

ですから、一気に道具を揃えるよりも、副業のうちであれば、必要になってから購入するというスタンスでも十分、間に合うでしょう。

その方が、無駄な出費も節約できます。

土日とアフター7専用のメニュー作り

もし今、あなたがお掃除を依頼するなら、どんなことを望みますか？

休日、ゆっくりしたい時に、お掃除に来て欲しいと望むでしょうか。

あるいは、今日頼んですぐにお掃除に来てくれるならお願いしたいのに……なんて時もあるでしょう。

副業できる時間が限られている分、何か特化したサービス＝〝あなたに頼むメリット〟を打ち立てた方が、お客様からの需要も増えます。

ここでは、土日とアフター7専用のメニュー作りになるヒントをお教えしたいと思います。

普通のファミリー世帯で夜間にお掃除を依頼する人は、ほぼいません。

既にお子様が大きくなっており、共働き夫婦であればそういった需要も望めますが、土日と夜間はファミリー層には向かないサービスです。

土日とアフター7を狙うのであれば、単身者や夜のお仕事に従事している人をターゲットにすると、依頼が入りやすいでしょう。

では、単身者はどんなお掃除サービスを望むのでしょうか？

毎日会社と自宅の往復で夜間は付き合いばかりという人なら、家事全般をお願いしたいかもしれません。

夜間は自宅で過ごすという人は、余計にエアコンや浴室、トイレといったピンポイントの汚れが気になるケースがあります。

そういったことを考慮した、単身者向けのメニューを考案すると、需要は伸びます。

例えば、「1時間半、掃除に関する家事を請け負います」といったプランや、「2週連続割引サービス」を打ち立て、一週目はエアコン、二週目は浴室など、そういった契約を結ぶのも一つの手でしょう。

また、当日依頼でも引き受けられる場合に限り500円割引サービスといった打ち出し方もできます。

会社とは違い、お掃除ビジネスはあなたがトップとなり取り仕切るものです。

メニューも料金設定も、すべてあなたが決めることになります。

土日夜間割引もあれば、土日夜間割増もできるのが、この商売の良いところです。

周囲の人に、どんなハウスクリーニング業者があったら依頼したいか、そういった声を集めてみると、ヒントが得られるかもしれません。

土日アフター7専用のメニュー作りは、ターゲティングが肝要です。

ターゲットが決まれば、営業先も決まります。

例えば単身者であれば、単身者の多いエリアにチラシを配ればいいですし、SNSやコミュニティーなどでのPRも有効でしょう。

集客開始！チラシポスティングは空き時間で1万枚

副業で年収300万円を目指すには、集客が欠かせません。

本業がある分、集客時間も限られてしまいますから、いかに効率よく集客をするかが大事になってきます。

とはいえ、副業であろうと、本業であろうと、集客において行うべきことは、そうそう変わりません。

むしろ、稼働日が少ない分、副業の方が集客に勤しむくらいの姿勢がなければ、依頼は舞い込んでこないでしょう。

本業同様、チラシポスティングは、1カ月最低でも1万枚は投函してください。

この数をこなさなければ、集客は望めません。

ポスティング作業がアナログに感じられるのはよくわかります。

インターネットであれば、一瞬にして世界にも発信することが可能です。

デジタル化が進み、テクノロジーが進化する今、集客もインターネットだけでいいと思われる方が大勢いらっしゃいます。

しかし、溢れて流れてしまう情報よりも、目の前にある情報に真の価値を感じる人が増えているのも事実です。

こういう時代だからこそ、すぐ手に取れる紙広告が、お客様の心をとらえるのです。

例えお掃除をお願いしてみようと思わなくても、頭の片隅にでも印象に残るだけで違うでしょう。

何度も言いますが、チラシは一度で訴求できるものではありません。

2度、3度と目にするうちに、深く印象に残る情報と化していきます。

ですから、隙間時間を利用して、空いた時間はとにかくポスティングです。

自分の近い場所から、徐々に範囲を広げていきましょう。

そういう意味では、まずは身近な人たちに営業してみるのも手です。頻繁にランチに行く飲食店にチラシを置かせてもらうのも良いでしょう。

また、通勤をされている方なら、一駅歩く覚悟で、帰り道すがらポスティングするという方法もあります。

同じところに何回もポスティングした方が、印象付けられます。

セグメントをかけて、何度も足を運ぶ覚悟で取り組んでみてください。

以前、おそうじ革命のフランチャイズオーナーの1人が、SNSの地元のコミュニティーページで、お掃除を利用したお客様がその様子をコミュニティー上に投稿しただけで、予約が殺到したというケースがありました。

地元ならではのサービスを展開するのであれば、そうした集客方法も参考にしてみてください。

まずは身内にお客様になってもらおう

ここまで、チラシのポスティングやブログ、テレアポなどいくつか集客方法をご紹介してきました。

いずれも、中長期的な営業方法です。

副業で年収３００万円アップさせるには、身近なところから営業をかけていくのが得策でしょう。

家族や親戚、友人、会社の同僚など、出来る限り声をかけ、営業していくくらいの気持ちがなければ、なかなか週2日のお掃除ビジネスは実現しません。

また、身内だからと甘えるのではなく、身内だからこそいつも以上に気持ちを込めて綺麗に仕上げる心づもりが大切です。

そうでなければ、自分の大切な誰かに、あなたのお掃除の素晴らしさを伝えてくれることはないからです。

一度限りのお掃除ではなく、もう一度お願いしたいと思ってもらったり、誰かに紹介したい、してあげたいと思われたりするような仕事ぶりでなければ、継続は難しいでしょう。

そうやって、家族からそのまた友人へ、その友人からまた誰かへと、あなたの良い評判が枝分かれになり広がっていくようになれば、事業も軌道に乗り出すはずです。

ただ、あくまでもそれは理想であって、実際は、身内に声をかけても最初の数件しか埋まらないという可能性が高いです。

集客は、一日にしてならずですから、やはり地道な営業活動をしながら、身内（近場）から徐々に範囲を広げて声をかけていきましょう。

もし、営業に自信があるのであれば、お掃除ビジネスを実業でやっている人と組んで、あなたが集客、パートナーが現場といった棲み分けをすることで、依頼の数を増やすという方法もあります。

自分の技術を売りにするのか、お掃除をツールとしてビジネスとして活かすのか、そういったことも視野に入れた集客方法が、功を奏します。

その点、おそうじ革命では、近隣オーナーとの連携もあるため、繁忙期は仕事を分け合ったり、紹介し合ったりといったことが行えます。

個人でそうしたネットワークを構築できれば良いですが、副業で取り組むとなると、なおさら厳しい状況であることは、本書を通じてお伝えできればと思います。

専門知識は最低限でOK！ YouTubeでも学べる

お掃除ビジネスは、1日目からでも起業できるとお話ししたように、学ぶ場所はいくらでもあります。

我々のような、フランチャイズオーナーに加盟登録して、研修で学ぶ方法、お掃除の会社に入社、あるいはアルバイトをして、働きながら学ぶ方法、あるいは、独学で学ぶ方法もあります。

今は、何でもインターネットで検索できる時代です。

お掃除は、実物を見て学んだ方がわかりやすいですから、YouTubeなどで検索して学ぶこともできるでしょう。

掃除一つとっても、人によって取り組み方に違いがありますから、自分に必要な情報を取り入れるだけでも、作業効率や時間短縮、新たな発見につながります。

ただ、私から言わせれば、おそうじ革命で認められるお掃除レベルに達している業者、動画は、日本では1つもありません。

企業秘密なので、うちの動画を世に出すことはありませんが、お客様にご満足いただき、リピートを得るようになるには、かなりの数を経験し、知識を蓄える以外、方法がないのです。

これからお掃除をはじめるにあたり、とりあえずお掃除の流れや手順を把握するという意味で動画を利用するなら良いかもしれません。

しかし、副業として年収300万円を目指すのであれば、それだけではお客様の満足には到達しないのです。

当然、リピートの定着も望めません。

私自身、独学でこのレベルまで達しましたが、どのやり方がいいのかは、自分で試さないと分からないことです。

時間をかけて、自分なりにその方法を見出す作業も一人前になるためには必要ですが、既に２００人以上の成功者を育成した、おそうじ革命のノウハウがあれば、あなたも短期間で副業、年収３００万円のスキル習得は可能です。

おそうじ革命では、45日間の研修カリキュラムでフランチャイズオーナーになる以外に、日当をお支払いして、働きながらお掃除を学ぶフランチャイズオーナーのメニューもあります。

それぞれに合った時間の使い方、学び方があるので、本業がある方でも、学ぶチャンスはあるでしょう。

年収600万円の道
脱サラ一人起業休みも取りながら月60万円

20日フル稼働！　1日3万円稼ぐ！

20日間フル稼働で1日3万円。年収600万円を稼ぐ、ある日のAさんの1日を紹介しましょう。

7時：起床、家族と朝食を取る。
8時：お客様のメールがないかチェック。着替えをして仕事の準備をする。
8時45分：1件目のお客様のご自宅付近に到着。最終チェックをする。
8時55分：インターフォンを鳴らす。
9時：浴室清掃開始。
11時30分：終了　片付けて撤収。

12時‥近くの飲食店で休憩　お客様からのメールチェックや返信作業を行う。

13時15分‥2件目のお客様のご自宅付近に到着。最終チェックをする。

13時25分‥インターフォンを鳴らす。

13時30分‥キッチン、レンジフードの清掃を開始。

16時‥終了　片付けて撤収。～帰りがてらポスティング作業を行う。

17時‥帰宅　道具を綺麗に片付けて、洗剤などの補充を行う、翌日の準備。

17時30分‥売上管理、ブログ・SNS投稿。

18時～‥プライベートタイム

いかがですか？

プライベートの時間もしっかり取れて、収入も得られる。

おそうじ革命ではこうした生活スタイルで働く人がほとんどです。

月収50万円であれば、難なくクリアーできる目標値でしょう。

依頼が増えて、人を雇うようになると、また少し働き方が変化します。

ただ、収入よりも、仕事とプライベートの充足化を望み、ある程度の収入も得たいというのであれば、1日2～3件の依頼に留めて自分のペースで働くのが望ましいでしょう。

もし、依頼が殺到しても、おそうじ革命のフランチャイズオーナーであれば、仲間内で仕事を振り分け合うこともできるので、お客様にお断りすることなく、あなたにもチップが入ってくることになります。

副業のような気持ちでは月収600万円にはなかなか到達しませんが、本腰を入れて、お掃除ビジネスを本業として生業にするのであれば、決して難しい金額ではありません。

むしろ、以前に働いていた会社の拘束時間に比べれば、時給も高く感じられるかもしれません。

お金と時間と場所のうち、あなたがライフスタイルでどこを重視したいのかによって、働き方を自由に選べるのが、お掃除ビジネスの最大の利点です。

1人専業でやる覚悟をしよう

年収600万円を得るためには、本業としてお掃除ビジネスに取り組まないと稼げない額になります。

「取り組んでみてダメだったら、また会社員に戻ればいい」

という気持ちで始めるくらいなら、そのまま会社員勤めをした方が良いでしょう。

起業するのは簡単ですが、継続は簡単ではありません。

フランチャイズ説明会に参加される方の中には、最初からうまくいくと思っている人がたくさんいます。

しかし、楽して稼げる方法など、この世の中にはないのです。

お掃除ビジネスであれば、リピーターをどれだけ集められるか、すべてはそこにかかっています。

だってリピーターさえ得られれば、広告費や営業をせずとも、リピーター客のスケジュール調整をするだけで良くなるからです。

そうなった時のコストは、自分の足となってくれる車やバイクのガソリン代くらいです。

年収600万円から税金を支払い丸々残る金額であれば、大概の人は人並みの生活が送れるでしょう。

しかし、いつまでもリピーターが定着せず、毎月同じように広告費をかけ続けるとなると、生活的にも精神的にも追い詰められることは、暗に想像できますね。

だからこそ、リピーターを得るには、技術力が欠かせないのです。

マーケティングに力を注ぐよりも、技術力の向上に力を注いでください。

そうやってできたリピーターのみなさんが、自然と営業マンになり、あなたの宣伝をしてくれるようになります。

個人事業主になれば、収益はすべて自分のものになります。時間やお金からも、自由になれるでしょう。

反面、仕事は自分で見つけなければなりませんし、働かなければ収入は得られません。明日仕事があっても、一週間後、一カ月後に仕事があるとは限らないため、場合によっては底なしの不安と恐怖に駆られる可能性もあります。

起業すると決めたなら、誰かを頼ろう、守ってもらおうという考えは一切なくして、個人事業主になる覚悟を持って取り組みましょう。

運転資金の調達をしよう

お掃除ビジネスを本業として取り組む場合、初期投資はいくらくらい必要になるのでしょうか。

まず、初期費用とは別に、最低3カ月分の生活費を準備しておくことをおすすめします。

基本、現金受け取りで、手形もありませんから、他ビジネスに比べると、早期に利益が立つのでそれだけ準備があれば十分です。

私もお掃除ビジネスは、30万円の手持ちから始めました。それこそ、3カ月分の生活費などない、ギリギリの状態です。

チラシも自分で作りましたし、Webサイトの立ち上げも、見よう見まねで作成したので、お掃除の道具や広告費で使ったのは、半年で20万円くらいです。

初期投資とすると、ざっと50万円ほどでしょうか。

人間、いざとなればできるものです。

チラシのポスティングやWeb発信をしながら、電話営業や飛び込み営業など、何でもやりました。

起業当時、受注した工務店の仕事は安価ではありましたが、リフォームの案件が入るたびに受注をくれました。

また、工務店のオーナーや従業員伝手に、別の工務店を紹介してもらえるなど、次々と仕事が舞い込んできたことを覚えています。

起業したばかりの頃は、値段など気にせず、安い仕事でも率先して取り組むこと。もしかすると、その先にものすごい大型案件が待ち受けている可能性もあります。

もし、リピーターが増えて事業が安定してきたら、値段交渉をして、自分の条件に合うクライアントと仕事をしていけばいいのです。

私も仕事が増えてきたのを境に、2年を目安に契約を更新するようにしていました。とりあえず2年間、お客様を満足し続けることができれば、契約更新時に値上げをしても、お客様の方が納得くださるからです。

こういった感覚は、続けていくうちに肌感で覚えていくものです。

とにかく最初は、修行のつもりで安い案件でも受けるようにしましょう。

バイクや車の購入、本格的な道具の購入

移動手段は絶対に必要です。

どのエリアを担当するかにもよりますが、バイク、もしくは軽ワゴンだと荷物も載せられるし、小回りが利いておすすめです。

私はお掃除ビジネスで収益が取れるようになって、スズキのエブリィを中古50万円で買いました。エブリィですと、中古の良いもので80万円、新車でも100万円ほどでしょうか。

室内スペースも広いので、自分なりにアレンジした有効活用ができるところが気に入りました。

車を買うと、「もう後戻りできないぞ！」という気持ちと共に、その5倍くらいの気持ちで「さらに頑張ろう！」という気運が高まります。

もし、起業に迷っているなら、自分を鼓舞する意味でも移動手段や少し値の張る道具を購入すると、それが後押しになる可能性があります。

私の場合、高圧洗浄機を買う時も同じような心境になりました。

先の章で、依頼が入ってから道具は揃えればいいと言いましたが、年収６００万円を稼ごうと本気で思うなら、高圧洗浄機はためらわず買った方がいいです。

なぜなら、そのお掃除道具を持ったがゆえに、何としてもそのお掃除の依頼を獲ろうという気持ちが芽生えるからです。

「その機械を使って、現場でペイしたい」。

そんな気持ちになります。

ですから、本気でやると決めたなら、移動手段となるバイクや車の購入はマストです。

特に男性であれば、新しいオモチャを与えられた子どものように、この道具はここに入れよう、ここに突っ張り棒や棚があると便利だな……など、自分なりにカスタマイズできることに楽しさを感じるはずです。

おそうじ革命では、フランチャイズオーナーには研修時に必要な道具を全てセットにしてお渡ししています。

みんな個々で活動していますが、助っ人で掃除に入ったときや、集まったときに、それぞれの工夫点や道具について見せてもらったり、語り合ったりということがあります。

そのときに必ず話題になるのが、「ホームセンターに行くと無駄な道具を買ってしまう」というもの。

必要最低限のものは最初にお渡ししているのにも関わらず、あれもこれもと目移りし、結果的に無駄なものが道具入れに増えていくというお掃除ビジネスあるある話。

ぜひいつか、この本を手にしてくださったみなさんとも一緒にしてみたいものです。

技術訓練を受けよう

技術は1日で身に付くものではありません。

それに、ただ取り組むだけでは、習得までに時間を要します。

同じ作業でも、いかにそこから考え、学び、活かせるか。その繰り返しが、技術を身に付ける上で必要です。

個人で起業し、お掃除の技術を身に付けたいと思うなら、YouTubeや書物等から独学で学ぶか、アルバイトへ行って教わるといった方法が考えられます。

また、インターネット等で検索してみると、どこかの団体が行っているお掃除講習なるものも存在するようです。

ただ、そうしたところでは、お掃除の基礎の基礎を教えるだけですから、お客様の満足度を高めるための工夫までは、教えていないでしょう。何より、お掃除をするための場所、集客の方法やリピート率を高める秘策はもちろん、起業後のなぜ？　どうして？といった不安や疑問を解消するアフターサービスなど、当然のことながらありません。

効率的に知識やスキルを身につけ、起業をして着実に収益を得るためには、弊社が運営するフランチャイズオーナーになるのが望ましいでしょう。

今後も市場の拡大が見込まれるお掃除業界には、数々のフランチャイズ制度の募集があります。

弊社のおそうじ革命もその一つですが、他業者との違いは、徹底した技術研修システムと、未経験者でも安心の独立開業サポートが充実している点にあります。

実際、他店のフランチャイズ説明会に参加してきたという方が、多数、おそうじ革命に流れてくるのは、やはりサポートの手厚さが決め手になっています。

私自身も、大手清掃会社で働いていたという経緯があるため、ある程度、業界のことは熟知しています。

それゆえ、おそうじ革命では、これまで私が培った知識と経験といった全てのノウハウが詰まった研修に加え、そうじの出来る商売人になるまでしっかりと育成します。

過去、自己都合で泣く泣く辞めた数名のフランチャイズオーナーを除き、加盟継続率97%、全オーナー月収100万円超えの実績があるのは、業界でもおそうじ革命だけではないでしょうか。

こちらも本気で取り組んでいますから、フランチャイズオーナーを志すのであれば、他店ともしっかり比較していただき、覚悟を決めて門を叩いていただければと思います。

メニューの開発

メニューはあまり分散化しても、お客様が混乱するケースがあります。

事実、お客様の多くはお掃除に関する専門用語はご存知ありませんし、キッチンならキッチン、浴室なら浴室と、1箇所全部をまとめて掃除してくださるものだと思っています。

まして起業したばかりなら、名もないお掃除業者に頼むというリスクがありますから、メニューや価格については、競合を調べた上で確定した方が良いでしょう。

もし私がメニューを設定するのであれば、最初は競合よりも安価で設定します。

「低価格だからお願いしたい」という層を最初に掴み、リピーターが定着してきた頃を見計らって、徐々に値上げを行っていきます。

メニューも、出来る限り多く見せた方が、信頼性が高まるでしょう。

エアコンと浴室のみといった打ち出しでは、「この人本当にお掃除のプロなの？　頼んで大丈夫??」といったお客様の疑念を駆り立てかねません。

「お掃除のことなら何でもできます！」そう風呂敷を広げてしまった方が、こちらも後に引けませんし、お客様からの好感度も高いです。

また、需要がありそうなセットの組み合わせや、セット割引きといった業界にありがちな取組みは、ぜひ真似してください。

他店とどう差別化するか、私もえらく悩みました。

しかし、行き着いたのは技術力と顧客満足度を上げること。既存のもので勝たなければいけないという答えに辿り着き、徹底力を掲げています。

事実、本質で勝負したことが、リピート率にもつながっているからです。

時にはお客様の視点に立ち、サイズでサービスを区切ったこともあります。

例えば、浴室クリーニングをS~Lサイズに分けて料金を設定をすることで、単身者向けの価格よりも金額が安くなるというメリットを打ち出しました。

実際にやってみると、サイズを測るなど面倒な点もあり、だから他の業者では行わないのかもしれないと気付いたのも、経験から得た憶測です。

起業当時は、依頼欲しさにメニューから金額設定まであらゆる取組みを行ってきました。けれど、メニュや金額よりも、お客様は「福井だからお願いしたい」とおっしゃってくれたのです。

一度利用したお客様が私にリピートしてくださる徹底力を身に付けたことで、集客に頭を悩ます時間が大幅に減りました。

結果、最初は低価格でも、ブランド力が付くたびに値上げも可能になりました。

何十年この業界でお掃除に取り組んできた私ですら、画期的な新メニューなど見つけられていないのです。

これから起業をしようと考えているなら、なおさら新しいことに視点を向けるよりも、集客や技術力の向上に努めた方が、事業はうまくいくでしょう。

チラシは一週間に最低1万枚×7回

1日1500枚。

1週間に1万枚ポスティングするなら、この数字をキープする必要があります。

数にすると多く感じますが、ギリギリできる数字です。

しかも、永遠にこの数のポスティングを続けなければいけないわけではありません。

リピーターが定着するまでの、ほんの数カ月です。

逆に言うと、最初にこれだけやっておけば、後が楽になります。家族や友人など、支援者を味方につけて取り組むことで、功を奏す結果がもたらされます。

現代、インターネットでは、すぐに欲しい情報が入手できます。

しかし、その分、検索しない情報は埋もれてしまったり、人目に付くことはあっても、流れてしまったりといった状況に陥りがちです。

その点チラシは、お客様の手に取っていただけるもの。どんなにテクノロジーが進化しても、この手法はお客様に届きやすいやり方なのです。

ただし、人は何度も目にして初めて記憶に残ったり、意識したりできるものですから、ポスティングは同じ箇所に、最低でも4回以上、できれば7回は行うことをおすすめします。

Webとは異なり、チラシや電話営業、飛び込み営業には即効性があります。待っていても仕事は来ませんから、初めはフットワークを軽くして販路を探すことが大切です。

その前提には、リピートしてもらえるだけの技術力や心遣い、知識が必要です。

もっと言えば、身なりの汚いお掃除業者に頼みたい人など、いませんよね。クリーンなイメージを抱かれるくらい清潔感溢れる佇まいで、お掃除を完璧に仕上げれば、大概のお客様は「またお願いしたい」と思うものです。

何事も最初が肝心です。物事には必ず終わりがありますから、空いた時間を利用したポスティングは、毎日するようにしましょう。

それが、年収600万円につながる大きな一歩になります。

年収１０００万円への道
株式会社化し３人のスタッフと提携

新規＋リピーター確保のための戦略立案

年収１０００万円となると、月80万円の収益が必要です。１０００万円を目指そうとなる頃には、自分１人では仕事が回しきれなくなる時期です。

その頃には、アルバイトの１人や２人を雇っているのではないかと思います。

最初に言っておきますが、１０００万円を稼ごうと思うなら、「会社を大きくしたい」、「１番の会社」を目指すような心意気が必要です。

ただお金を稼ぎたいだけなら、１人で事業を行っている方が、よほど気楽で、安定した収益が望めます

そのように１人で行っている時とは違い、守るべきものがあるため、大きな責任を背負うことにもなります。

自分の収入は得られなくても、社員に給料を払わなければならないときもあれば、突然、辞めたいと言われてしまうことだってあります。

そうしたリスクも覚悟の上、年収1000万円を志しましょう。

年収1000万円の収益を出すには、アルバイト（社員）の給料も考えると、売上は倍の2000万円が必要になります。

営業しなければ仕事は入りませんから、1人は新規顧客のための営業担当として従事してもらい、現場は現場で回していかなければなりません。

現場も、ただこなすだけではなく、会社やお店の清掃であれば、そこで営業をかけて紹介をいただくなど、全員が一斉に営業をかけるようなつもりで取り組んでください。

もちろん、ブログの投稿は必須です。

誰か1人サボれば、その分、Ｗｅｂ営業部隊が減るも同然です。僕は仲間に、どんなに忙しくても、そこだけは徹底して行ってもらっていました。

会社の成長を思うなら、戦略を立て続け、ずっと営業を続けることです。それまでのように、リピーターが定着すれば良いという考えでは、収益は上がりません。

同時に、アルバイト（社員）の育成も欠かせません。

営業と現場を回しながら、一人前に育てるのは大変ですが、いずれ戦力となり、あなたを助けてくれる存在になります。

忍耐の時期ではありますが、ここでも徹底力で他店との差別化を図る以外、方法はないのです。めげない心が大きな障壁を突破する力になります。

年収1000万円の壁さえ超えられれば、さらなる高みが見えてきます。とにかく最初は、めげない心、耐える覚悟を持つことが肝心でしょう。

その点、フランチャイズオーナーであれば、戦略を共有することも、助け合うことも可能です。共に戦う仲間がいることは、本当に心強い！　それはいつも私が痛感することです。

法人顧客を開拓せよ

ハウスクリーニングは単価が良いですが、お客様の家は一つしかないため、私たちは単発と表します。

つまり、一度、お掃除を依頼してもらい、リピーターになっていただいても、半年に一度の訪問が良いところだからです。

しかし、法人のお客様であれば、規模が大きかったり、いくつも物件を抱えていたりというケースがあるため、安定した発注が見込めます。

年収1000万円を目指して従業員を抱えるのであれば、多少、単価が安くても、法人のお客様との仕事を持っておくと安心です。

例えば、法人のお客様で、毎月空室清掃を20件コンスタントに入れてくださる会社があります。1件あたりの単価は安いですが、20件の仕事があれば、従業員に現場をお願いしている間に、営業活動を行うこともできます。

それに、毎日同じ作業を繰り返すことで、反復学習が可能になるため、新人の従業員でも1カ月で空室清掃を完璧に行えるようになるというメリットもあります。

そんな風に、法人のお客様を何件か抱えておくと、経営的にも安定してくるので、単価だけではない、視野を広げた法人営業も念頭に置くと良いでしょう。

営業先は、不動産屋、リフォーム屋、工務店、会社の寮、飲食店、あるいは、多岐にわたってチェーン展開している会社もおすすめです。

先ほどもお伝えしましたが、とにかくめげないことです。単価が安くても、安定収入は心の支えにもなりますから、「どうしてもこの価格では受けられない」というところまでは我慢して、継続しましょう。

そうやって底辺のところから営業を始めていけば、実績も増え、ブランドも向上するため、徐々に単価の良い会社とめぐり会うことができます。

そして、依頼が殺到しすぎて人員を増やしても回せないという段階になったら、どの会社とお付き合いを続けるか、今度はあなたが取捨選択する側になるのです。

節税を考えるほど潤沢な資金があるのなら、人を入れて、人材に投資するべきです。

守りに入るうちは、年収1000万円あたりの価格帯を、うろうろするだけ。今は投資の時期だと割り切り、開拓に精を出すことが、さらなる高みにつながります。

広告コスト30～40％投資が成長の秘訣

年収600～800万円であれば、1人でも作業できる仕事量です。

ですが、年収1000万円を目指すのであれば、人手が必要になります。

当然、従業員を雇えば給料が発生しますから、初心者同然の従業員を雇ったところで、最初はマイナスになることは避けられないでしょう。

発注を増やして年収を増やしたいなら、いかに従業員を一人前に育て上げるかが重要になってきます。

自分と同じくらいお掃除ができる人材がいれば、単純に計算しても収益は2倍になるからです。

ですから、年収1000万円以上を目指すなら、いかに人材育成に力を入れられるかが、その先の分かれ目になるのです。

従業員を育成するなら、現場で教えるのが一番です。

まずは初期投資として、売上に対して40％は広告に費やしてください。広告にそれだけつぎ込めば、必ず依頼が入ってきますので、その仕事の中で、即戦力になりうるレベルまで従業員を育成することが肝要となります。

その際は、まずはつきっきりで指導してあげてください。

例えば、1人で3万円の現場があったとします。もし、そこに2人で行けば、半分の時間で3万円の収入が見込めます。値段的には変わりませんが、一緒に行動することで、新人は掃除の仕方を覚えたり、お客様とのやりとりを学んだりと、早く次のステップへと進めます。

そうやってお掃除の仕方を一緒に作業しながら教えていくうちに、従業員に任せられる仕事が増えていきます。

「もう、一緒に作業しなくても大丈夫だな」と言える箇所が1つでもできたなら、最終チェックだけ自分がするようにして、その時間、他の現場のお掃除にも従事することができるようになります。

私の経験上、未経験でも3カ月あればどこかしら1つのお掃除箇所はマスターしますから、その間だけ広告に収益の30~40%を投資して、従業員育成に努めてみましょう。

従業員の育成期間が、オーナーとして一番、辛い時期です。

お掃除ビジネスで年収1000万円稼ぎたいのであれば、「我慢のしどき」とは、まさにこの時期のことを言います。

そんな風に、最初にしっかり従業員を2人、3人と育ててしまえば、後は現場を増やすだけで利益につながります。

しかも、その後は自分が育てた従業員が、新たな従業員の教育に携わることになりますから、面白いほど利益が得られるようになるでしょう。

1人で3~4万円がやっとだった1日の収益が、きちんと人を育てれば、4人で12~16万円にも膨れ上がります。従業員には、日当として1・5~2万円を渡せば、残りは自分の収益として残るのです。従業員を雇ってからが、本当のビジネスのはじまりとも言えるのかもしれません。

9章
お掃除起業で
あなたの
人生が
180度
好転する

人脈もお金もない人が月100万――工務店より高い年収

お掃除という仕事は、世間では底辺の仕事だと思われています。

学歴や経験がなくても誰でもできる仕事。

もっと悪く言うと、他ではどこも雇ってもらえない人が就く仕事だと思われていていることもあります。

しかし、そうした印象を抱かれているからこそ、仕事がしやすかったというメリットが幾つもありました。

私自身、お客様の家来のようなつもりで仕えていました。

ですから、お客様の要望には、ほぼ答えていましたし、それに対して、いちいち苛立つようなこともありません。

「お客様の便利屋になればいい……」

そうした気持ちで従事したことから、本当にたくさんのお客様から可愛がっていただけたのだと思います。

それは、お仕事をいただくビジネスパートナーの方々も同じでした。

起業当初、少しでも定期案件が欲しいと思い、工務店からの受注を多く受けていました。

こちらは依頼される側ですから、当然、職人の方よりも地位が下なのは当たり前です。実際、職人の方からも、お掃除という職業が、下に見られていたように感じます。

そのため、工務店の飲み会の席に呼ばれると、必ずと言っていいほどご馳走していただけました。

飲み会には、職人の方も大勢いらっしゃるのですが、その方々も、「掃除の仕事より大工職人の方がマシ」だと思われていたのでしょう。

「たくさん食べて、どれだけ飲んでもいいから」などと言っていただき、とてもおいしい思いをしたことを覚えています。

私も最初は、これだけ見下されているのだから、職人のみなさんの方が、当然、給料が良いのだろうと思っていました。

しかし、お話をうかがっていると、どうやらそうでもないらしいことを知りました。

しかも、割と地位が高い方でも、私の月収の半分ほどだったのです。

口に出してはいいませんが、みなさんが底辺だと思っているお掃除の仕事をしている自分が、実はこの飲み会の席では一番、収入を得ているのだと思うと、返って見下されている身分の方が楽だなと感じたのは言うまでもありません。

周りがどう思おうと、自分がプライドを持ち取り組んでいれば、何を言われても無痛です。下手に争うよりも、そう思ってもらっていた方が、自分にも好都合です。

こういう状況を、「負けるが勝ち」と言うのだと、身を持って経験した出来事でした。

アメリカではハウスクリーニングの地位が高い

私がお掃除の業界に入ったのは、今から約19年前の、20歳のときでした。

縁あって入社したのは、大手清掃会社でした。その時に初めて、アメリカで№1の清掃会社『米国サービスマスター社』の存在を知ったのです。

米国サービスマスター社は全米優良フランチャイズ企業にランキングされ、世界44ヵ国でサービスをお届けするエクセレントカンパニー（超優良企業）です。

全米以外でも、カナダ、オーストラリア、イギリス、フランスといったヨーロッパ諸国などで黄色（イメージカラー）のサービスカーが走り回っています。

当時私は、入社したことでその事実を知ったわけですが、米国サービスマスター社のユニフォーム姿からしてカッコイイことに衝撃を受け、鳥肌が立ったのを覚えています。

まるでヒーロー映画のワンシーンのようにも映るような、英雄と呼ぶにふさわしい出で立ちでした。

事実、2001年9月11日のアメリカ同時多発テロ事件では、同社が後片付け等の作業を行い、地元メディアが取り上げて新聞の一面を飾りました。

日本で例えると、「消防車が来た！」くらいのヒーロー的なイメージが、アメリカ国民には浸透しているのです。

このように、アメリカではお掃除業者がとても地位の高い職業として、崇められています。反面、どうして日本のお掃除業者は地位が低く、ユニフォームもダサいのか。当時は、どのお掃除会社も作業着といった配色とスタイルが、日本では一般的だったからです。

お客様に感謝される仕事という点では同じでも、アメリカのようにサービス業として確立されていないのが現状です。

こんなにカッコイイ仕事なのに、どうして日本では底辺の仕事だと思われてしまうのか。

アメリカのような売り込み方をしていれば、日本のお掃除ビジネス界も変わっていたのではないかと感じられずにはいられません。

しかし、返ってそれが、私の闘志を燃やすきっかけになったのも事実です。

「日本のサービスマスター社は私が作ろう！」そう志したのも、同時期でした。

米国サービスマスター社は、既に世界展開しています。つまり、お掃除を依頼したい人は、世界中にいるということ。市場は、どんどん拡大しています。

つまり、まだまだ成長の予測が出ている超・売り手市場なのです。

私たちおそうじ革命は、米国サービスマスター社に負けない、世界を綺麗にするプロのお掃除集団を目指しています。

掃除は心のゴミとり

いつもなら怒らない、ささいな出来事にイライラすることってありませんか？

そんな時、ふと部屋を見渡すと、散らかった環境に身を置いていないでしょうか。

人は環境に左右される生き物です。

忙しくて掃除をする時間も作れず、いつまでも散らかった部屋のまま過ごすことで、人は無意識のうちにたくさんのストレスを抱えています。

人が「ちょっとしたこと」にイライラする状態は、空き容量が足りなくなり、動作が鈍る、パソコンやスマートフォンに、とてもよく似ていると思いませんか？

部屋が汚れていると、人間の頭の中もメモリがいっぱいになったような状態に陥り、思考が鈍ってしまうのです。

結果、身体にも悪影響を及ぼし、エネルギーを過剰に消費してしまう状態になります。

犯罪も同じで、だいたい事件が起こる場所は、汚い環境のことが多いです。

中でも、犯罪の巣窟とされていたニューヨークの地下鉄を綺麗にしたことで、犯罪が減り、ニューヨーク市民の所得も増えたといった話は有名でしょう。

つまり、綺麗な環境に身を置くだけで、人のストレスは激減するのです。

「掃除は心のゴミとり」とはよく言ったもので、街でも道端にゴミが置いてあると、ゴミ箱でもないのに「そこにならゴミを置いてもいい」と、人は勝手に判断しがちです。

では、綺麗で何もない道端に、手に持っているゴミを捨てても良いと思う人がいるでしょうか？

多くの人は、綺麗な場所を汚すことに躊躇するはずです。

このように、環境を綺麗に保つことは、ストレスの軽減、犯罪の減少に役立ちます。

私たちは、世界中を綺麗にして、豊かな心で笑顔溢れる世界になることを願い、日々活動しています。

掃除ビジネスのスゴイ仕組み

私たちおそうじ革命が他の業態と比較して圧倒的に違うところ、それは「たくさん喜ばれる」ことです。

２０１５年のフランチャイズ展開以来、急速に売り上げを伸ばし続けているおそうじ革命は、サービス業では考えられない２４００％成長という驚異的な成長率を記録しています。

この成長の背景には、業態が成長を続けていることも理由のひとつとして挙げられますが、何よりも、ハウスクリーニングという売り手市場の中でおそうじ革命が行ってきた成長戦略の寄与するところが大きいと言えます。

おそうじ革命がここまで成長することができた成長戦略とは、圧倒的な技術力と豊富な知識量にあります。

ハウスクリーニングでフランチャイズ展開している企業は数社存在しますが、そのほとんどが「1週間程度の簡単な研修の後、即開業」という少々乱暴ともいえる手法で加盟店を増やしています。

結果、これらの企業でフランチャイズ店舗をオープンしたオーナーさんたちは、以下のような不安を抱えたそうです。

「実務から事務作業まで学習しなければいけない量が膨大すぎて、とてもじゃないが1週間程度ではすべてを把握できなかった」。

「研修で汚れ落としの方法などいろいろ教わったが、いざ現場に出てみると見ると聞くでは大違いだった」。

お客様の身になってみれば、生半可な知識と技術のお掃除業者になど、お金を払いたくないのは当然でしょう。

これはどの業界でも言えることですが、お金を払う人が喜ばなければ、そのビジネスに継続はありません。

だから私は、おそうじ革命に仲間入りした本部社員やフランチャイズオーナーには、徹底的にハウスクリーニングのノウハウを叩き込みました。

現場作業のサービスクオリティが低いままでは、いつかは淘汰されることを知っていたからです。

その結果、リピーターが大幅に増加し、定期清掃などの安定した利益を生む現場が増え、閑散期でもおそうじ革命には常に仕事が溢れている状態となったのです。

また、新規参入の多いハウスクリーニング業界には各社安値を競う価格競争が横行しておりますが、サービス力の向上に重きを置いたおそうじ革命は、早期にこの無用な競争から離脱し、サービスマンの技術力を競うブランドイメージ戦略へと舵を取ることができました。

私自身の経験含め、これまで多くの人材を育ててきた経緯から、現在おそうじ革命では、45日間の研修期間を設けています。

そこでしっかり学び、吸収し、合格ラインを越えた人たちが、開業へと駒を進めます。

フランチャイズオーナーになると決め、比較検討した中でうちに入ってきてくれた方たちは、開業には技術と知識が必要なことをきちんとわかっています。

そのため、お掃除の技術や知識を得るのはもちろん、サービス力や人間力の向上にも常にこだわっている人しかいません。

そうした姿勢が売上にもつながり、さらにお客様に喜んでいただこうという気持ちから、勉強熱心な方ばかりが集まっています。

弊社の強みは、ここにあります。

現場もビジネスも知っており、すべてを経験してきた創業者である私が、自らの手で育てた自分の分身とも言える仲間たちが、さらなる向上を目指し自動的に切磋琢磨してくれているのです。

お客が一人勝ちで増えていくこの仕組みは、他社では絶対にあり得ないものだと私は自負しております。

毎日感謝されると、毎日感謝したくなる

お掃除の仕事は、お客様に驚かれるお仕事です。

作業が終わり、部屋を見てもらうと、お客様の表情が見る見る変わります。

「えっ、こんなにキレイになったの？」

「ウソみたい。見違えたわ！」

「まあ、新築に見える！」

そんな声を聴くことがしょっちゅうです。

それが原動力となり、

「よし、明日もまた、驚かせるぞ！」と、現場にいくのが楽しみになります。

わざわざ近所の人を呼んで来て、仕上がり後の状態を見せるお客様もいました。

「ゴッドハンドやね。近所の人を呼んでくるから待ってて！」

そのお客様はリピーターになり、自分のお友だちを何人も紹介してくれました。

あるとき、何百室も所有するマンションオーナーを紹介されました。

「掃除に厳しい」と噂の方だったので、どんなことを言われるかと内心ビクビクしていました。

しかし、キレイになった部屋を見て、大声で叫びました。

「すばらしい！　これからもお願いします」

他社よりも料金が高いにもかかわらず、今でも依頼してくださっています。

驚かれ、感謝され、そして自分も喜ぶ……。

それがお掃除ビジネスの日常なのです。


このように、毎日毎日、人から感謝され続けると、人の心は不思議と変化していきます。

感謝の気持ちがどんどん心の中に蓄積され、自分も何かに感謝したくなってしまうのです。

ご依頼くださるお客様にも感謝をしていますし、一緒に働いてくれる仲間にも感謝の気持ちが絶えません。

毎日がとても平安で、心が落ち着きます。

あなたは、今、仕事を通じて誰かに感謝されていますか？
誰かに感謝しながら毎日を過ごしていますか？
何気ない幸せは、「ありがとう」の中に生まれるものなのです。

家族に掃除をしてあげて家庭円満

私の父は早くに亡くなったため、実家には母が1人で暮らしています。

学生時代は心配ばかりかけていた私ですが、お掃除ビジネスが軌道に乗り、人の親になってからは、一層、親孝行したいと思うようになりました。

できるだけ実家には帰っていますし、お小遣いを渡したり、旅行に連れて行ったり、プレゼントを贈ったりと、これまで色々な形で感謝の気持ちを伝えてきました。

けれど、母が一番喜んでくれるのは、実家のお掃除をするときです。

自宅が綺麗になることにも喜んでくれますが、それ以上に、どうしようもなかった息子が身を立てた仕事を目の前で実践することに、喜びを感じると言います。

また、その喜びを、日本中にいるたくさんの人たちに届ける仕事を我が子がしているのだと思うと、親としてこれ以上の幸せはないと感じるそうです。

プレゼントを渡したときよりも、お掃除をしたときの方が何百倍も嬉しそうな表情をする母を見ると、人の心を幸せにできるこの仕事を誇りに感じます。

奴隷とは言いませんが、お掃除が下に見られる仕事でも、ひた向きに、一生懸命続けてきたことが全て報われるのは、お客様の笑顔と感謝の言葉です。

世間では共働き夫婦が増えており、家事の分担が当たり前になりつつあるようです。

少し前までは、料理ができる男性がもてはやされていましたが、今や男性でも料理はやるものとされています。

しかし、そうは言っても、手際が良いのは圧倒的に女性です。

ならば料理は女性に任せて、男性は、家事の中でも掃除を担当すればいいのではないかと私は思うのです。

家事すべてを分担するのではなく、奥さんが料理なら、旦那さんは掃除と、役割分担を分けてお互いに任せた方が、無駄なケンカも減るのではないかと感じるからです。

休日はピカピカの部屋で美味しい料理を食す。

これこそが、夫婦円満の秘訣だと私は思います。

おそうじで世の中の様々なことに気づける人になれる

あなたの職場の机は、綺麗に整理整頓されていますか？

どこに何があるか、すぐにわかる位置に配置されているでしょうか。

よく、職場の机を整理整頓したら、仕事も整理されたという話を聞きます。

前項の、街を綺麗にしたら犯罪が減るという原理と同じで、まずは家や職場といった、身の回りの掃除から心がけることが大切です。

こんな風に行っても、普段から掃除をしていない人たちには、今ひとつピンとこないのかもしれません。

しかし、日ごろから掃除を心がけ、「綺麗な環境に在りたい」という人たちは、無意識の中でも綺麗にすることへ意識を向けています。

「デスクが綺麗な方が仕事も捗る」ということを、その人たちは知っているのです。

想像してみてください。

お金持ちの家が、汚いと思いますか？

無駄な物などなく、どこもかしこも綺麗にしている、そんな印象がありませんか？

一概に、「お金持ちだから綺麗」とは言えませんが、財を成す人や成功者には、目標達成への強い信念があるのだと思います。

そして、そのためには何をすれば良いのかが、実に明確です。

少なくとも、頭の中は整理整頓されているからこそ、行動にも起こせると思いますし、そうした管理能力があるからこそ、一層、効率的に日々の仕事もこなせているのだと思います。

であれば、それだけのことを考え、意識を集中させるという意味でも、汚い部屋を放っておくとは思えません。

身を置く環境が綺麗なことも、良いアイデアを生み出すには必要なことだからです。

実はそのことを、私たちも実証済です。

お掃除の技術が身に付くと、自然にあらゆることに意識が向くようになるからです。

お掃除で言えば、汚れをあらゆる角度から見て分析できるようになったり、お客様では気づかない箇所にも目を向けられるようになります。

自分の身なりに対しても、制服の汚れ、髪や髭のお手入れに気を配るようになります。

また、どうしたらお客様を喜ばせられるか、お客様の気持ちを推測できるようになるなど、人間観察にも長けてくるでしょう。

社員やフランチャイズオーナーさんたちも、この仕事を通してさまざまなところにアンテナが張れるようになったと口を揃えて言います。

お掃除ビジネスは、人間形成にも大きな役割を担っているのです。

繁忙期に稼ぎ、閑散期には長期休暇——時間を自由に確保できる

お掃除ビジネスの年間スケジュールは、主に次のようになっています。

・引っ越しの空室クリーニング　2〜4月
・エアコンクリーニング　5月〜8月
・年末大掃除　11月〜12月

繁忙期は依頼が殺到します。繁忙期はとにかく需要があり、供給が間に合わない状態、まさにお掃除ビジネスの稼ぎ時です。値引きなど考える必要はありません。

お客様のご都合に合わせた希望日にお引き受けしたいのは山々ですが、繁忙期ばかりはこちらのスケジュールも考慮してもらいながら、日時を決めさせていただいています。

ただ、繁忙期で収益を得ておくと、閑散期と呼ばれる1月、9月、10月の3カ月間を、ゆ

つくり過ごすことができます。

おそうじ革命のフランチャイズオーナーの中には、年3カ月間はきっちり休みたいからと、この仕事を選んだ人もいるくらいです。

閑散期を狙い、長期海外に滞在するという方もいます。

繁忙期で稼いだお金を、閑散期に自分の好きなように利用するという方法も、自分らしい生き方、働き方に通じるのではないでしょうか。


ただ、繁忙期、閑散期とメリハリを持って活動できるのは、1人でお掃除ビジネスをやっている時までです。人を雇うようになれば、閑散期にも給料が発生する場合があるため、1人の時のように、好きなように働けるわけではありません。もしかすると、ある程度の収入が得られ、自由が利くのは、1人でやっている時かもしれませんね。


このように、お掃除ビジネスの仕事量は、年間を通して波があります。逆に言うと、あまりこの動きに変動がないからこそ、予定を立てやすい職業でもあるのです。

最近では、お正月の過ごし方が大昔のそれとは変わってきているため、年末年始の大掃除という概念のないお客様が増えているようです。

しかし、お掃除の需要自体は増えているため、季節柄というよりも、年間を通して件数が増えるチャンスとも言えます。

繁忙期、閑散期に限らず、スケジューリングは自分次第。ライフ・ワーク・バランスの設計をするには、お掃除ビジネスはうってつけです。

お金を稼ぎながら「お金で買えないもの」が得られる

「お金で買えないもの」と言われて、あなたは何個思い浮かびますか？

愛情、友情、健康、信頼、時間……etc.。

お掃除ビジネスでは、お金を稼ぎながら、これら「お金では買えないもの」がいくつも手に入るのです。


一番の報酬は、お客様の笑顔と感動、感謝の言葉です。


自宅が綺麗になり、言葉にできないくらいびっくりした表情で、目をキラキラさせて掃除した場所を見つめる姿。

「すごい！　綺麗!!」ストレートな喜び。

「本当にありがとうございます。またお願いします」という感謝と信頼の言葉。

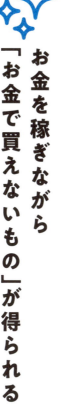

どれもこれも、お金では買えないものばかりです。

しかも、お客様はその感動や感謝を、お金を支払い得ているのです。

他に、このようなお仕事があるでしょうか。

ずっと欲しかった高級ブランドのお財布を、やっとの思いで購入した時に、ブランド店の店員に、心を込めて感謝の気持ちを伝えるなんて場面がありますか？

商品を出し、ラッピングしてくれただけの店員に、そこまでの感情は湧きませんよね。

お掃除ビジネスでは、毎日のように「お金では買えないもの」が得られます。

一度その感覚を得てしまうと、「次はもっとびっくりさせよう」と自分自身のハードルを上げ、挑むようになります。


他にも、お掃除ビジネスを始めたことで得た産物として、家族との時間やプライベートの充実、自身の成長を上げるフランチャイズオーナーが多くいます。

サラリーマン時代は、子どもが起きる前に出社し、寝てから帰宅するという生活を送っていたAさん。お掃除ビジネスで起業してからは、朝晩一緒に食事が取れるようになったのはもちろん、学校の授業参観にも参加できるようになり、家族との絆が強まったと言います。

以前は内向的だったと話すBさんは、お掃除ビジネスをはじめてから、周囲に「明るくなったね」「以前とは別人のようにイキイキしている」と言われるようになりました。

誰かに指図される他人軸で生きる人生ではなく、自分軸で生きる人生に変わったことで、自分の思う通りに、収入も増え、充実した生活が手に入ったことが大きいのだと思います。

ある意味、一流企業のサラリーマンよりも充実した生活が、お掃除ビジネスで得られます。

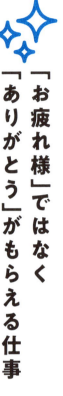

「お疲れ様」ではなく「ありがとう」がもらえる仕事

あなたは今日、何回「ありがとう」をもらえましたか？

何回、誰かに「ありがとう」が言えたでしょうか。

毎日怒られてしまうのではたまりませんが、「ありがとう」は何回言っても、何回言われても気持ちが良いですよね。

普通のお仕事では、「お疲れ様」の方が、「ありがとう」よりも多いのではないでしょうか。

自分の仕事を手伝ってもらったなど、誰かにしてもらったことへの感謝の「ありがとう」はあっても、自分に関係のない相手の仕事に対して発する「ありがとう」は、まずないかと思います。

若い頃の私は、飲食店や買い物に行っても、店員に「ありがとう」と言ったことなどありませんでした。

しかし、この仕事をしてから、毎日「ありがとう」と言われるようになり、ある日ふと、自分では誰にも「ありがとう」を伝えられていなかったことに気が付いたのです。

そして、自分がもらっている「ありがとう」を、たくさんの人たちにも贈りたいと思うようになりました。

もしかすると、この仕事をしなければ、一生気づかなかったことかもしれません。

しかし、それに気づいた今、「ありがとう」を伝えられるようになったことで、家族や社員、身近にいる人たちとも良い関係が築けているのだと思います。

「ありがとう」と言われ、お金までいただけるこんなに素敵な仕事が他にあるでしょうか。

医師など特別な資格を持っていれば別ですが、これはサービス業×出張業ならではの特権かもしれません。

例えば、車の故障もそうですよね。

急なトラブルで車が動かなくなったとき、すぐに駆けつけて直してもらえたら、どんなに嬉しいでしょうか。

つまり、人が本当に困っていることを解決するから私たちは感謝されるのです。

単なるお掃除でも、お客様がそう思ってくださるのは、大変ありがたいこと。

先日も、女子大生から浴室の排水溝をメインに掃除して欲しいという依頼がありました。

水の流れが悪いとのことでお困りでしたが、すぐに駆けつけて、排水溝を取り出し、詰まった髪の毛やゴミを取り綺麗に、そして水の流れも良くなり一件落着。

女子大生はとても喜んでくださりました。

「困ったときはおそうじ革命」

彼女には、そうインプットされたようで、その後も何回か緊急ヘルプに出動しています。

ちなみにその女子大生は、「排水溝を触ったことも、見たこともない」そうで、自宅も掃除機をかける以外は掃除をする気がないとおっしゃっていました。

それをお聞きし、彼女のような若者が増えているとすれば、今後ますますお掃除ビジネスの需要は高まるなと思ったことは、言うまでもありません。

ハウスクリーニングは「美しい仕事」

ある時お客様から、空室のハウスクリーニングを依頼されました。

お客様は新居に移り、元いた住居を貸し出そうとしていました。

つい数日前に引っ越したばかりと言うだけあり、家財道具はなくとも、まだ住人の気配がどことなく残る、そんな印象を受ける空き物件でした。

そして数時間経ち、清掃が終わった頃、再び来たお客様が、「まるで違う家のようだ」と口にしたのです。そして、「こんなに綺麗な家なら、もう一度自分が住みたい」とおっしゃってくださいました。


他にも、こんなことがありました。

中古物件を購入し、10年経ったご夫婦から依頼を受け、家全部を清掃したところ、「10年前に引っ越してきたより綺麗になった！」と驚いてくださったのです。

本当にそういう言葉をお聞きできると、しびれます。

最近では、不動産事情をよく知る方が、査定に出す前にハウスクリーニングを依頼して、査定額を上げるといった方法を取る方もいらっしゃいます。実際、清掃後に査定した方が、お掃除を依頼した代金を差し引いても高額に跳ね上がるからです。

ちょっと話が逸れてしまいましたが、私はハウスクリーニングを依頼された際は、汚れを落とす綺麗さだけでなく、お掃除で空間をデザインできないかを考えます。

例えば、洗面所の清掃時。元あった場所に歯ブラシや洗面用具といった物をお戻しするのではなく、お客様の了承を得て、整理整頓させていただくこともサービスで行っております。

テレビで放送された『世界のゴミ屋敷バスターズ』でも、アメリカのお宅で本の整理整頓をしたのですが、本の大きさを揃えたり、配置を換えたりするだけで、とてもスッキリした見栄えに変わりました。

綺麗にすると、人間はその状態を維持しようと脳が勝手に働きます。

今まで乱雑になっていたものが整理整頓されると、考え方も整理されますし、意識して綺麗に使おうとします。**綺麗な状態が続けば、心も綺麗になる**のです。

お掃除は、単に汚れを落とすだけでなく、時として空間をデザインしたり、人の心もデザインできる、魔法のお仕事なのです。

みなさんの想像以上に、ハウスクリーニングのお仕事は美しい、クリーンな仕事です。

人生の再出発に最適な仕事

ハウスクリーニング市場は、ここ10年間で成長率２４０％、特に直近3年間では１６０％と、急激な伸び率を見せています。

２０１５年当時は２０００億円程度だった市場規模も、ハウスクリーニングだけでなく店舗、ビル、オフィス、施設、賃貸分譲物件の清掃を含めると、２０２１年には数兆円に達するという予測も出ているなど、今最も注目されている売り手市場です。

「市場が伸び続けている」ということは、事業を始める上で重要なポイントです。

これから市場が萎むところで勝負をしても、衰退するのは目に見えているからです。

また、テクノロジーが進化し、ＡＩ化が進む中、あらゆる業態がなくなると言われていますが、お掃除ビジネスのような「クオリティの非常に高いサービスを提供する」プロフェッショナルの仕事は、技術がいくら発達しようとも簡単には置き換わることはありません。

人生の再出発というと、とても大きな決断になりますが、この本を手にした時点で、あなたは今の生活に、そして一度きりの人生に、多かれ少なかれ、迷いが生じているのではないかと思います。

このままの生活を、一生続けたいと思いますか?

自由のない日々から脱却したいと願うなら、年齢など関係ありません。

もちろん、最初からうまくいくとは限りません。

最初の3年間は、きついかもしれません。

けれど、3年を超えたら、その後は苦ではなくなります。

仕事を覚え、技術と知識が身に付くのもそうですが、身体の使い方やお客様とのやり取りなど、その他の部分での負担もぐっと減るからです。

コツさえ掴めれば、50歳になっても、60歳になっても、いいえ、生涯、現役でい続けられる仕事です。

顧客層も現段階で50~60代の人が多いことを思うと、それから下の世代の人たちは、既にハウスクリーニングに抵抗のない年代と言えます。

ですから、需要もますます増えていくでしょう。

また、お掃除ビジネスでは、堂々とお客様のプライベート空間であるご自宅に上がれるわけですから、そこにはビジネスチャンスが無限に眠っています。

あなた次第で、お掃除以外のサービスを提案することもできるのです。

つい先日も、45歳で脱サラをしたフランチャイズオーナーさんとお会いしましたが、2年前に説明会に来たときとは見違えるほど、若返って見えました。

それをお伝えすると、一番はストレスがなくなったことが大きく、次に収入が増えたこと、将来の見通しが立ったことで、不安や悩みが解消されたとおっしゃっていました。加えて、適度に身体を使ったことで身体が引き締まり、健康的な生活が送れるようになったそうです。

再出発となると、ある程度の貯蓄も必要になりますが、幸いお掃除ビジネスは、初期投資が低額です。

飲食店などで開業することを思えば、それほど大きなリスクではありません。

在庫も持たずに、仕事をしただけ即時に収入が入ってきますから、生活面での心配も軽減されるビジネスです。

思い立ったら吉日です。再出発を考えているなら、まずは説明会だけでも聞きにいらしてはいかがでしょうか。

部屋をきれいにすると戦争がなくなる

「ＫＩＲＥＩを通じて人々の人生をより豊かに」

私たちが目指す世界は「ＫＩＲＥＩ」を通じて、多くの事業展開を行い、世の中に笑顔を創出することです。

世界中の「人・町・建物・乗り物・水・日本全体・世界・宇宙」あらゆるものをＫＩＲＥＩにすることで生まれる「爽快感・優越感・満足感」を創出することで、人々の人生にゆとりができ、幸福感が高まります。

これにより仕事や遊びにアクティブに取り組むことが経済成長の源になり、地域活性化に繋がると信じています。

社会を構成する最小単位は家です。

その小さな箱を綺麗にしておくだけで、みんなのストレスは軽減されます。

ストレスがなくなれば、人と人との争いも当然、減るのです。

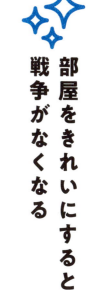

一方、汚い部屋では、気持ちが荒み、イライラした人たち同士で争い、少しずつ犯罪が増えるようになります。

争いを失くすためには、いがみ合いをなくし、理解し合わなければなりません。相手を理解するためには、自分がイライラしていない状態を作ることです。

イライラしない状態になるには、部屋を綺麗にする、身の回りを綺麗にする、それが根源となります。

ハウスクリーニングをした後のお客様を見ていても、私たちが来た時と帰る時では、表情そのものが明るくなり、ハッピーなオーラをまとうようになります。

そういう人が一人、また一人と増えることで、争いのない世の中が構築されると思います。

だから私は、「KIREIを通じて人々の人生をより豊かに」を理念に掲げ、最小単位である家を綺麗に、そして次は誰かの部屋を綺麗にしていくことで、やがては世界が綺麗になり、戦争のない地球になると信じ、活動しています。

私たちおそうじ革命では、この理念を共有ビジョンとし、日々お掃除に取り組んでいます。

そして、そうした姿勢がお客様にも伝わっているからこそ、おそうじ革命ブランドでハウスクリーニングフランチャイズ事業参入後わずか4年で、全国に200店舗を展開する事業にまで発展したのだと考えています。

こんなに素敵なお志事をしながら、これまでと同じ労働時間で、心身ともに健康な状態で、それまでの3倍も収入が増えるお掃除ビジネス。

2020年までには、国内1200店舗、海外展開（アジア、シンガポール、ドバイ、NYなど）を視野に入れたフランチャイズ事業を予定しています。

ぜひみなさんも、私と一緒に世界をKIREIにしませんか？

著者プロフィール

福井智明（ふくい・ともあき）

高校卒業後上京し野宿しながら多数のアルバイトを経験。

２０１０年個人事業主としてフクイクリーンサービス創業。

同年、株式会社おそうじ革命を設立（現株式会社 KIREI produce）し代表取締役に就任。

業界初の低コストバイク便モデルを構築。

２０１３年からフランチャイズビジネスを研究し、２０１５年から本格的に全国展開開始。

「世界中をＫＩＲＥＩに！」というビジョン実現に向け邁進中。

株式会社 KIREI produce

https://kirei.global/

Special thanks to:

出版プロデュース
株式会社天才工場 吉田浩

編集協力
潮凪洋介
佐藤文子